企業経営行動と文化
―マレーシアにおけるエスニック集団の企業経営行動：比較分析―

岩田奇志著

文眞堂

恩師
　岸田民樹先生に捧ぐ
心からの感謝を込めて

目　　次

序章　本書の問題意識と構成 …………………………………………1

　　1　政治・経済的要因と社会・文化的要因 …………………………1
　　2　マレーシアを取り上げることの意味 ……………………………6
　　3　企業経営行動の「型」とその形成要因について分析することの
　　　　意義 …………………………………………………………………7
　　4　本書の構成 …………………………………………………………8

第1章　独立期に至る各エスニック集団の状況と独立以後の
　　　　経営環境 ……………………………………………………14

　　第1節　植民地経済の発展と労働力移入の必要性：多民族国家形成
　　　　　　の背景 ………………………………………………………14
　　第2節　各エスニック集団の経済活動状況と華僑資本の経済的浸透…27
　　第3節　独立期のマレーシアにおける華人の経済的位置 …………30
　　第4節　独立時の政治経済状況 ………………………………………32
　　第5節　ブミプトラ政策の成立とその大綱 …………………………34
　　第6節　小括 ……………………………………………………………40

第2章　企業経営主体の形成過程 ………………………………………46

　　第1節　企業経営行動の進行過程 ……………………………………46
　　第2節　企業経営行動と環境 …………………………………………49
　　第3節　個別主体の形成 ………………………………………………51
　　第4節　文化に対する発達論的視点と類型論的視点 ………………53

第5節　企業経営主体の形成 ……………………………………… 54
　　第6節　小括 ………………………………………………………… 59

第3章　企業経営行動の発展過程：事例研究 …………………………… 62

　　第1節　調査の対象と方法 ………………………………………… 62
　　第2節　企業経営行動発展過程の実態 …………………………… 65
　　第3節　中国系企業の事例 ………………………………………… 65
　　第4節　マレー系企業の事例 ……………………………………… 75
　　第5節　インド系企業の事例 ……………………………………… 81
　　第6節　小括 ………………………………………………………… 88

第4章　マレーシアにおける起業行動の分析 …………………………… 91

　　第1節　起業行動検討の意味 ……………………………………… 91
　　第2節　起業行動の構造分析 ……………………………………… 91
　　第3節　調査対象と調査方法 ……………………………………… 92
　　第4節　起業行動の諸段階と調査項目 …………………………… 94
　　第5節　小括 ………………………………………………………… 115

第5章　企業経営行動の比較分析 ………………………………………… 118

　　第1節　検討の対象とした「企業経営行動」 …………………… 118
　　第2節　資金面での制約要因とその克服 ………………………… 119
　　第3節　技術面の制約とその克服 ………………………………… 124
　　第4節　企業の発展とそれを支えた諸要因 ……………………… 131
　　第5節　小括 ………………………………………………………… 136

第6章　エスニック集団の社会関係および価値観の比較分析 ……… 137

　　第1節　文化論的考察の難しさ …………………………………… 137
　　第2節　調査の対象と方法 ………………………………………… 140
　　第3節　調査から得た結果 ………………………………………… 143

第4節　インタビュー調査にみられる価値観と行動：
　　　　　アンケートとの違い……………………………………161
　　第5節　学校教育の特徴……………………………………………167
　　第6節　小括…………………………………………………………170

第7章　企業経営行動の「型」を形成する諸要因……………173

　　第1節　歴史過程が示す問題………………………………………173
　　第2節　「生存圧力」の視点でみた歴史過程 ……………………179
　　第3節　「外圧」の減少と「内圧」の維持：
　　　　　中国人にとっての「外圧」と「内圧」……………………185
　　第4節　ビジネスへのチャネリング………………………………186
　　第5節　価値と「リソース」の役割………………………………188
　　第6節　小括…………………………………………………………190

終章　研究の総括：本研究で明らかにしたことと残された課題…194

　　1　本研究のねらいと成果…………………………………………194
　　2　残された研究課題………………………………………………198

　　あとがき………………………………………………………………201
　　索引……………………………………………………………………203

序章
本書の問題意識と構成

　筆者は，長年の間，企業経営行動と文化とのかかわりに強い関心を抱いてきた。それは，筆者の育った中国と，筆者が第2の故郷と定めた日本での，企業活動の大きな違いに衝撃を受けたことに始まる[1]。そして，「文化」の問題に目をつぶっては，この問題は解明できないと考えるようになった。しかし，日本の経営問題に関連する諸学問領域には，こうした文化のかかわりを重視する見解に対しては，一種の反発がみられる。こうした反応は，特に『「日本的」経営論』を巡って，激しく現れた[2]。

1　政治・経済的要因と社会・文化的要因

　企業経営行動を規定する要因としては，政治的・経済的要因や社会的・文化的要因など多様な要因が考えられ，その重要性をめぐっては，学術上の対立がある。しかし，経済的要因の重要性を否定するような議論は実際には想定することが困難であり，問題は，社会的・文化的要因を捨象して考えるか，その重要性を認めるかの対立として現れているとみるべきであろう。一部論者がしばしば批判してきたような，「文化によってのみ企業経営行動や組織構造の発展を説明しようとする」などといったアプローチは，もともと存在し得ないと筆者は考えている。文化を中心に議論を展開している論者も，その他の条件を一時括弧にいれて，文化の問題にテーマを絞って論じているにすぎない。この問題に関して筆者自身は次のように考えている。
　企業経営行動については，これまで経済的な要因を中心に考察される傾向が強かった。もちろん，経済的要因が企業経営行動にとって死命を制するほ

どの直接的重要性を持っていることはいうまでもない。ひとつの学問的抽象として経済的側面にのみ光を当てる態度は、まさに正当性を持っている。しかし、そのことは、企業経営行動とその他の要因とのかかわりを否定する根拠とはなり得ない。

　経済的要因は、多くの場合、多様性と変化を説明するのに適している。経済的要因の多くは、ダイナミックな動きを示すことが多く、また多くの企業主体に対して、極めて多様な働き方をするからである。これに対して、社会的・文化的要因は、型の形成とその安定性を説明するのに適していると考えられる。それらは、一定範囲の人々の行動形態にある近似性を生み出すとともに、また、特殊な場合を除けば、長期にわたってごく緩慢な変化を遂げることが多いからである。

　ここで、筆者の念頭にある「文化」について定義しておくことが重要であろう。「文化」という言葉は、極めて多義的な用い方をされているからである。ここでは、文化を、「行動主体は、その生育の過程で様々な価値観を獲得ないし形成するが、こうした多様な価値観を持つ一定範囲の人々の行動に共通の特徴を与えているもの」と規定しておく。

　本研究では、個々の企業経営行動（その成功ないし失敗）に対してではなく、エスニック集団の企業経営行動にみられる「型」の把握とその形成の背景をなす諸要因を問題としており、政治・経済的要因とともに、社会・文化的要因も重要な役割を果たしているという基本的な考えの上に、社会・文化的要因に重心を置きながら、これら多様な要因の絡み合いのなかで、政治・経済的要因と社会・文化的要因がそれぞれ果たしている役割について問うことが、その問題意識の焦点となっている。

　企業経営行動とそれを規定する諸要因とのかかわりの現実は、それほど単純かつ直接的ではない。企業が直接的には主として経済的諸要因に反応して動くとしても、これら経済的諸要因そのものの背後にも、当然、これに強く影響する諸政策やその結果としての制度的要因、人々の企業主体としての行動に強い影響を与える社会的要因・文化的要因などが存在し、これらが経済的要因に大きく影響していることが少なくないからである。また、主体の側

に形成された価値観が，それらの要因に対して異なった受け止め方をすることも，考慮する必要があろう。

確かに高度に抽象化されたレベルでは，いかなる社会の経営形態にも共通する構造・行動様式といえるものを抽出することは可能であり，またそれを学問研究の対象とすることは極めて重要でもある。しかし，また他方，経営問題を研究する諸学問領域には，自らの目的にかなった側面に集中するために，これとは距離のある側面を切り捨てるという操作が行われており，それぞれのディシプリン特有のアプローチが工夫されている。例えば，労働経済学と経営社会学とでは，その切り口は同じではない。労働経済学が文化の問題を捨象するのは正当であるし，また経営社会学が，社会関係の特徴や価値観などに関心を持つのも，それ自身の正当性を持っている。しかし，この両者のうちどちらがより正しいとはいえない。すなわち，特定のディシプリンをその他の領域に拡大してすべてのアプローチに適用することには無理があると筆者は考えている。「経営と文化」のかかわりを巡る一連の論争には，多くの場合，こうした問題が絡んでいるように思われる。

問題は，政治・経済的要因が重要か社会・文化的要因が重要かというダイコトミーにあるのではなく，これらの諸要因がどのように重要な連鎖を形成して，企業経営行動に影響を及ぼしているかについて，明らかにすることにあると，筆者は考えている。

1995年に，Hofstedeの『多文化世界：違いを学び共存への道を探る』が翻訳，出版されて評判になって以降，こうした経営と文化とのかかわりを重視する見解に対する反発は，かなり薄らいだように筆者には見受けられる。筆者の基本的関心は，その実態すなわち，「企業経営行動と文化とのかかわり」をいま少し詳しく，具体的な場に即して追求してみたいというところにあった。「経営組織と文化」とのかかわりについては，当面分析の対象とはしていない。

このように，「企業経営行動」と「文化」とのかかわりについて検討するのが，本書における筆者の基本的関心である。そして筆者はこの問題を扱う上で，特にマレーシアにおける企業経営行動に関心を持った。その理由は次

に述べるとおりである。

　筆者の基本的関心は，もともと「企業経営行動と文化とのかかわり」についての理論的関心にあった。このように筆者は，長年地域としてのマレーシアを専門に研究している者ではない。しかし，後に指摘するように，企業経営行動を巡るマレーシアの歴史は，

文化→企業経営行動

の観点からは，極めて興味深いものであり，マレーシアの実態についての分析からは，筆者の理論的関心の展開に対して，実に多くの示唆を得ている。これによって筆者の理論的関心もまた大きく前進することができたと考えている。

　このように，筆者にとっては，この両者，すなわち筆者の理論的関心とマレーシアの現実の分析とは分かち難く結びついており，本書は，この「両者」に対する関心と興味のもとに執筆されている。これは「文化と企業経営行動」とのかかわりを検討するために，マレーシアの現実を単なる「素材」として扱ったものではなく，同時にそれはマレーシアにおける実に興味深い企業経営行動の実態についての分析でもある。それは，先に触れた理論的関心を下敷きとし，これとのかかわりで極めて興味深い，マレーシアのエスニック集団別の企業経営行動についての比較分析を試みたものである。本書をそのようなものとしてご理解いただきたいと思う。

　「文化と組織ないし経営システムとのかかわり」については，先にふれたように，いわゆる「日本的経営」を巡る一連の論争がある。これに対して，「文化と企業経営行動とのかかわり」については，まとまった研究は少ない。「日本的経営」を巡る論争にみられるように，文化と組織とのかかわりは非常に興味深い問題であるが，大企業の場合，文化のかかわりは，企業システムと企業経営行動とが，複雑に絡み合ってかかわり方が複雑化し曖昧化している。これに対して，中小企業経営者の経営行動と文化とのかかわりは，より直接的で端的に表れる傾向がみられる。つまり，そこには文化の影響がより鮮明に現れる可能性があり，筆者の問題意識からすれば，この中小企業の企業経営行動の分析がより目的にかなっていると考えられる。本書において

筆者が，マレーシアにおける中小企業経営者の企業経営行動を，3つの主要な民族すなわち，マレー系・中国系・インド系についての比較分析を行った所以である[3]。

次に，このような問題の検討において，米国・欧州・日本・中国など，世界経済へのインパクトの大きな国々ではなく，東南アジアにおける経済発展の優等生国の1つであるとはいえ，その経済規模も人口数も小さなマレーシアの企業経営行動を取り上げることの意味について，明らかにしておかなければならない。

マレーシアは，多数派を構成するマレー系に対して，かなりの比率に達する少数民族，すなわち中国系・インド系などの少数民族を抱える，多民族国家である。1957年の国勢調査をもとに，シンガポールの中国系を加えると，中国系44％，マレー系43％，インド系11％と，短期間ではあるが中国系が最大の人口比率を占めていた時期さえもある[4]。

その後，シンガポールが，中国系を主体とする華人国家として独立し，マレー系が中国系・インド系より高い出生率を維持したため，次第にマレー系の人口比率が高まり，中国系・インド系の人口比率は低下してきている。しかし，他の多くの東南アジア諸国では，2000年現在，タイの11.7％，ブルネイ14.3％（実数はごく少ない）を別にすれば，華人の人口比率はごく僅かで，3％程度以下となっている[5]。

これに対して，Malaysia 2000 Yearbook によれば，マレーシアでは，2000年現在，なおマレー系を中心とする先住民（ブミプトラ）62.8％のほかに，中国系28.3％，インド系7.5％と，少数民族がそれぞれかなりの比率を保っている。このような高い比率を保つエスニック集団が，あまり混じり合うことなくその民族性を保ち，地域的・職業的にもある程度の棲み分けを行いながら，一応の協力の下で，国家を形成している[6]。

興味深いのは，これら3つのエスニック集団が繰り広げる企業経営行動の間には，かなり顕著な差がみられ，中国系の人々が，他のエスニック集団に比べると，ビジネス界ではかなりの成功を実現している。マレーシア独立以前の歴史過程において，中国人達が，徒手空拳よくその道を切り開き，欧米

資本との競争に苦しみながらも，マラヤの経済に巨大な地歩を築き上げた。その結果，主流を占めるマレー系と少数民族中国系との間に，その生活水準に大きな格差が生まれた。これに対して，独立後マレー系主体の政府が，この格差を何とか是正しようと，先住民優遇政策（いわゆるブミプトラ政策）を採用し，言語・政治・経済・教育など様々な点で，マレー系を優遇し，その経済・経営活動を活発化させようと図った。にもかかわらず，マレー系の活動が，今ひとつ政府の意のままにならず，これに対して中国系は，差別政策に苦しみながら，なおかつ高い経済的成果を維持している。そこには，政治的要因と文化的要因との大変興味深い「せめぎ合い」がみられる。そこでは，その成果に大きな差を生み出している企業経営行動に見られる諸特徴とそれを支える諸要因が，我々の注意を引く。

このように，個々の企業経営行動ではなく，エスニック集団の企業経営行動の「型」を問題とする視点からは，マレーシアは，極めて興味深い研究対象であるということができる。

2 マレーシアを取り上げることの意味

マレーシアを取り上げることの研究上の有利性としては，
①人口比率のバランス

マレーシアの場合，東南アジアの他の諸国とは異なり，少数民族の人口比率がかなり高い点を上げることができる。100 対 3 という比率の人口についての比較分析には無理がある。しかし，マレーシアのように，60 対 30 の比較は許容されよう。この点 10%を切ったインド系には経済的勢力がごく僅かであり，やや問題があるが，インド系の企業経営行動がユニークなパターンをを示していることから，以上のように考えて大過ないように思われる[7]。
②文化・社会関係の温存

かつては，マレーシア以上に中国系の比率が高かったタイなどにおいて，今日その比率が低くなっている理由は，早くから国家意識に目覚めた先住民が華僑を圧迫し，厳しい態度をとったために，多くの華僑が帰国し，華僑の

比率が減少したこと，そして残った少数の華僑は，言語・行動形態その他，現地への同化を余儀なくされたことにある[8]。

これに対して，イギリス人の統治の下，国家意識・民族意識が希薄であったマレー人の場合，民族的反発が遅れて出現したため，独立後曲折を経て先住民優遇政策（ブミプトラ政策）の体制が確立するまで，比較的宥和的な政策が採られた。このため，華僑住民の数が温存され，その文化，社会関係が，エスニック集団のなかで，かなりの程度維持されたことである。

このためマレーシアでは，現代に至るまで，職業や社会関係において，一種の棲み分けが維持され，文化・社会関係の融合に歯止めがかかった。

このような状況のもとで，これら3つのエスニック集団の企業経営行動の間には，興味深い差異が認められ，またその集合としての成果および発展の可能性にも差が見られることは，以下のような学術上興味深い問題を提起している。

マレーシアは，このように，多様性の中に現れる企業経営行動の「型」と，それを支える諸要因についての比較分析をする上で，いわば，標本的といっていいほどの，極めて興味深い研究対象を提供している。筆者は本書において，こうした基本的な問題意識を根底に据えながら，マレーシアの3つのエスニック集団の企業経営行動に認められる「型」とその形成要因を比較分析することによって，マレーシアにおける企業経営行動とそれを巡る主要な要因連関を明らかにしたいと考えている。

以上が，マレーシアの企業経営行動を筆者が取り上げた理由である。

3　企業経営行動の「型」とその形成要因について分析することの意義

企業経営行動は，個々の企業によって多様であるが，社会によって，あるいはときに，同一社会内のエスニック集団によって，顕著な型と相互の差異を示すことがある。また，個々の企業の活動の成果は多様であるが，その集合としてのエスニック集団の成果にも，大きな差がみられることがある。

こうした多様性の中に現れる企業経営行動の「型」と，それを生みだす諸要因について検討することは，企業経営行動を支え，あるいは抑制する諸要因の解明に，重要な貢献をなし得るものと考えられる。「経営の成功は個別解である」といわれる。究極のところこの見方は正しい。しかし，この場合，その要因連関は，まさに多様かつ複雑である。個別解の解明は興味深いが，それは想像的解釈を許容される伝記作者の世界に踏み込む可能性があり，学術的な分析にはなじみにくい。その多くの部分が，いわゆる「暗黙知」に依存しているからである。

これに対して，多くの企業に，より高い成功の可能性を与え，あるいはまた失敗の「可能性」をもたらす諸要因の連関に，ある「型」を認識することは可能であり，またそれは学術的にも意味があると考えられる。そこでは，限定されてはいるが，ある一般化が可能となるからである。これは，筆者の作業における基本的な考え方である。

4　本書の構成

本書は，次のような構成になっている。
まず，序章では，
　1）　企業経営行動に影響を及ぼす諸要因のうち，政治・経済的要因と社会・文化的要因のとらえ方についての考えを整理した。この問題を経済的要因を主体に考察し，社会・文化的要因を捨象して考える立場に対して，筆者は，政治・経済的要因に加えて，社会・文化的要因も重要な役割を果たしていること，政治・経済的要因が変化と多様性を生み出すのに対して，社会・文化的要因が，型と安定性を生み出す要因として重要であること，これらの要因は，個々にかつ直接的にのみ影響するのではなく，相互に連関を形成しつつ，企業経営行動に影響を及ぼすものと考えている。
　2）　そしてマレーシアは，かなりの比率の少数民族を抱える多民族国家で，それぞれが高度の棲み分けを行っていて，民族性がかなりの程度維持・温存されていること，それぞれの企業経営行動およびその成果にかなりの差

が見られること，多数を占めるマレー系の企業経営が必ずしもうまく機能しておらず，他のエスニック集団に比べてその生活水準も低いこと，このため，格差是正のための政策が強力に推し進められていること，しかし，その政策がなかなか成果を収められないでいること，その原因としては，社会的・文化的要因が重要な役割を果たしていることなど，マレーシアは政治的・経済的・社会的・文化的諸要因の企業経営行動に影響を与える主要な要因連関を検討する上で，極めて好都合な分析対象を提供している。以上，この序章において，筆者の基本的な問題意識と，マレーシアを研究対象として選んだ理由を明らかにする。

第1章は，マレー半島の歴史を辿りながら，次の諸点を明らかにする。その自然的・政治的・社会的・文化的（宗教的）条件が，近代的労働に不向きなマレー人独特の民族的性格を形成・維持し，人口の希少性と相まって，マレー半島における産業開発のための労働力の供給を困難にした。このため，イギリス植民地政府は，中国人およびインド人の移入をはかった。こうして大量に流入した中国人（正確には，広東・福建・潮州を中心とする中国東南部出身者）は，本国での苦難によって，生存に必要な様々な智恵を身につけていたし，出国前既に本国で商品経済に触れ，貨幣の価値を十分認識していて，商売に長けているものが多かった。彼らは，徒手空拳，将来への希望を胸に，安い賃金にも我慢して懸命に働き，困苦に耐えた。彼らは，マレーシア独立以前，既にマレーの経済に深く浸透し，イギリス人に次ぐほどの経済的地位を築くことに成功していた。

これに対して，インド人（正確にはその約80％を占めたタミール系のインド人を中心とするインド系移民）は，本国での苦しい経験は持ってはいたが，政府の補助移民として，当時の基準としては，手厚い保護のもとに，主としてイギリス人の経営する大規模ゴム農園で生涯働き，勤勉な労働者としての性格を育てていった。このインド人の性格は，マレーシア独立以後に発展した工場で働くインド系労働者にも受け継がれている。

これらの検討のなかでもう一つ我々の注意を引くのは，それぞれの民族が，全く異なる生存圧力のもとでその民族性を形成していったこと，中国系

が，生活水準の向上によって生存圧力（外圧）が減少した後も，目標に向かって努力する「内圧」を高く保ち，厳しい努力を続ける傾向を維持したことである。この問題は，後に第7章で，詳しく分析する。

第2章は，企業経営主体の形成過程について，概念的な分析を行っている。この企業経営主体の形成過程に焦点を置いたのは，この点に各エスニック集団の企業経営行動の違いが大きく現れており，また，その違いが，各民族の企業経営行動の将来性と大きくかかわっていると考えられるからである。具体的には，企業経営行動を段階的に進行する，

　企業機会の認知→発意→構想→決断→計画→準備→起業行動→制約要因の認知→制約要因の克服→発展→〔成長による環境との不適合の発生とその克服→発展の進行〕→〔この過程の繰り返し〕→目標の達成（満足水準への到達）・夢の実現

として捉え，各エスニック集団の企業経営行動を比較分析する枠組みを構成した。

さらに，企業経営主体の形成過程にかかわる，① 主体と環境とのかかわりに関する問題，② 個別主体の形成と価値観共有の問題，③ 企業主体の形成過程，④ 企業機会の認知と「リソース化可能要素のリソース化」，「リソース認知能力」，「リソース創出能力」，「リソース活用能力」などについて検討した。

第3章は，経営者面接調査で得られた11の事例（外に台湾資本の事例1，マレー政府による家具製造に特化したインキュベータ施設1があるが，ここでは取り上げない）。中国系5事例，マレー系3事例，インド系3事例について検討している。これらの調査は，後に行ったアンケート調査の基礎になっただけでなく，アンケート調査によるデータの弱点を補うために，後しばしば活用されている。

第4章は，先に第2章で検討した分析枠組みに沿って，検討している。具体的には，企業機会の認知→発意→構想→決断→計画→準備→起業行動の段

階を取り上げ，それぞれの段階に関して，以下のような質問項目について検討している。
　［企業機会の認知］
　　　［発意］　①父親の職業　②子供の将来に期待する職業
　　　　　　　③家族・友人に多い職業　④本人の学歴
　　　　　　　⑤出身中学校　⑥起業に興味を持った年齢
　　　［構想］　①進出業種，②資金規模
　　　［決断］　①創業前の職業　②現在の経営に携わるようになった原因
　　　［計画］　①創業時の困難
　　　［準備］　①資金源　②コアー技術
　　　［起業］
　第5章は，起業以後の行動すなわち，
起業→制約要因の認知→制約要因の克服→発展→〔成長による環境との不適合の発生とその克服→発展の進行〕→〔この過程の繰り返し〕→目標の達成（満足水準への到達）・夢の実現，の過程について分析している。具体的には，以下の項目を中心に検討している。
　①創業時に大きな制約要因であった資金不足の2000年における状況
　②2000年現在強く意識されている制約要因である支払いの遅延について
　③過去5年間の純利益とその再投資
　④主な生産技術の確保
　⑤市場競争に勝ち抜くための戦略
　⑥目標の達成と夢の実現
　第6章では，価値調査の結果と面接調査の結果とを突き合わせながら，各エスニック集団の社会関係，すなわち地域的棲み分けの状況，職業上の偏りの実態，文化的コミュニケーションのあり方について検討している。調査によれば，地域的な棲み分けは次第に解消されており，マレー系も農村から都市へと移り住む姿がみられる。しかし，混住は進んでも，文化的コミュニケーションは，あまり進んでいないのがその実態である。
　次に，各エスニック集団にみられる，上昇志向，職業観，競争性，計画

性，勤勉さ，リスクテーキング性向など，企業経営行動と重要なかかわりを持つと考えられる諸項目についてアンケート調査に基づいてみると，予想に反して，マレー系の上昇志向，競争性，計画性，勤勉さ，リスクテーキングの諸項目において，非常に高い自己イメージが表明されている。これは，一面でマレー系の意識が変わりつつあることを意味するが，それが行動面にまで結びついていないことを示している。後半部分では，マレー系を含む多くの人々の面接調査での証言をもとにして，この意識と実態のズレや受け止め方のレベルの違いに基づく回答のズレについて分析し，その現実の姿を出来るだけ浮き彫りにしようと努めている。

第7章では，企業経営行動の「型」にみられる差異とその背景についての検討を行っている。

まず，歴史過程が示す問題として，

① 歴史過程で形成されたエスニック集団の性格とその背景としての生存圧力
② 歴史過程の結果形成された企業経営環境の特徴
③ 生存圧力の視点でみた歴史過程の理論的考察
④ 環境圧力にみられる民族差と文化
⑤ 「環境圧力」（外圧）減少と内圧の維持にみる文化の影響
⑥ ビジネスへのチャネリングにみられる大きな格差
⑦ 歴史的に蓄積された「リソース」の役割について検討し，それらとの関連で価値と「リソース」蓄積との関係について分析している。
⑧ 企業経営行動にみられる「型」の差についての分析を行っている。

終章では，本研究の成果と今後の研究課題を提示する。

注
1) 筆者の中国企業経営研究については，岩田龍子・沈奇志『国際比較の視点で見た現代中国の経営風土：改革開放の意味を探る』文眞堂，1977および岩田（沈）奇志，岩田龍子『中国企業の経営改革と経営風土の変貌・経営革新はどこまで進んだか』文眞堂，2007を参照されたい。
2) 岩田龍子『「日本的経営」論争』日本経済新聞社，1984。
3) ここで，中国人・華僑・中国系・華人の4つの用語の使い分けについて明らかにしておきたい。まず，中国人・華僑はマレーシア独立以前の場合に使用し，民族的系譜や他民族との対比を重視するときには「中国人」を，系譜や比較よりも外国定住，そ

の活動や成果を問題にする場合「華僑」と表現した。しかし，そのニュアンスの差は微妙である。マレーシア独立以後，市民権を取得した場合には，「中国人」は「中国系」とし，「華僑」に当たるものは「華人」と表現した。

4) 松尾弘「第4章 経済開発上の問題点」松尾弘編『調査研究報告双書 マラヤ・シンガポールの経済開発アジア経済研究所』1962, 239頁。

5) 華僑経済年鑑（ASEAN編）台湾, 2000年版。2000年現在, ラオス3.1％, ミャンマー2.0％, インドネシア3.3％, ベトナム1.27％, フィリピン1.3％, カンボジア2.56％となっている。

6) エスニック集団ないしエスニックの用語は, マレーシア語のkaum, bangsa, keturunanをさし, 英語のethnic groupの訳語として使用しているが, 日本語として, エスニックの用語がなじみにくい時には,「民族」の用語を同じ意味で使用している。本稿では, 比較を念頭に, 具体的な民族集団を指す場合に「エスニック」ないし「エスニック集団」の用語を使用するが, 多民族社会とか民族性など, すでにこなれた用語として使用されており, 一般的ないし抽象的意味で使用する場合には,「民族」の用語を使用する。

7) インド系による株式会社の株式保有率は, 1970年1.1％, 1990年1.0％, 1995年1.5％となっている。Edmund Terence Gomez, Lob Wei Leng and Lee Kam hing, "Malaysia" Edmund Terence Gomez and Hsin-Huang Michael Hsiao, (ed), *Chinese Business in South-east Asia: Contesting Cultural Explanations*, *Researching Entreneurship*, Curzon Press 2001, p.63.

8) 南洋協会編纂『南洋の華僑 増訂3版』「4 南洋華僑の数」,「17 各国の華僑に対する政策」目黒書店, 1942。

第1章
独立期に至る各エスニック集団の状況と独立以後の経営環境

はじめに

　この章では，独立期に至る各エスニック集団の状況についてみることによって，特異な多民族国家が形成された背景，マレーシア独立以前に形成され独立後に引き継がれた企業経営環境，この企業経営環境に甚大な影響を与えたと考えられるマレーシア政府の政策，すなわち，エスニック間の生活水準の格差を是正するために導入された先住民優遇政策と，そのもとで繰りひろげられてきた各エスニック集団の企業経営行動の特徴およびその背景をなす諸要因について検討することにある。そこでこの章においては，先行研究に依拠しながら，独立以後の企業経営環境の形成に繋がる独立以前の歴史過程の要点と，独立以後強力に推し進められた先住民優遇政策の要点について検討する。

第1節　植民地経済の発展と労働力移入の必要性：
　　　　　多民族国家形成の背景

1　産業開発のための労働力の必要性

　1824年，英蘭条約でマレー半島は英国の植民地となった。当時，産業革命後の発展，とくにその後の自動車産業の発展が，錫とゴムへの需要の急増をもたらした。英国は，豊富な錫の獲得のための鉱山開発と，現地の気候に

適したゴムの栽培によって，マレーシアを英国のドル箱にすることを意図し，そうした経済開発のための，大量かつ生産性の高い労働力が必要であると考えられた。

2 マレー半島における労働力供給の困難

1) 人口の希少性

マレー半島は赤道に近い低緯度に位置し，熱帯雨林気候である。年中高温多湿なため，衛生条件や医薬についての知識が未発達な当時，マレー半島では熱帯病の流行が頻繁で，熱病や天然痘による死亡率が高く，このため人口の純増加率は低かった。1870年に，今日，経済発展の進んでいる半島西海岸に面する3つの州，ペラ，スランゴール，ヌグリスンビラン州のマレー人人口は，全部合わせても僅か7万人以下であった[1]。このように人口規模極小のため，十分な労働力の調達は困難な状況にあった。

2) 恵まれた自然条件が支えた気楽な生活と勤労意欲の欠如

年中高温多湿な気候のため，栄養豊富なバナナがよく育ち，年中米作に適していて，いつ種を蒔いても百数十日後には稲が成熟するという恵まれた条件の下で，マレー人は生存の危機に直面する心配が少なく，その労働意識は極めて低かった。彼らは，働くことを好まず，気楽な生活を望んだ。また季節の変化が単調で，年中米作ができる環境の中で，時間の観念や計画性，物作りの工夫は育たなかった。

Swettenham は『英領マライ史』の中で次のように書いている。「1年12カ月の内で一カ月足らずも気まぐれに働き，川や沼に漁籠を一つ入れておき，または夕方1時間も投網をすれば1人前の食糧は十分得られる。それよりよけいに働けば，売るほどのものが取れやう。蓋しこれがマラヤ人伝統の怠惰性の由って来る所以である」[2]。Swettenham はさらに，マレー人の民族的性格について次のように語っている。「マレー人の各階級を通じて見られる主な特性は，彼らが労働を嫌うことである。自然の恩恵があまりに大きいので，彼らは実際の寒さも餓えも知らないのである」[3]。

このように，人口が非常に少なく，生存に必要な最低限の食物を容易に入手でき，戦乱も少ないという恵まれた条件のため，マレー人には，知恵を絞って必死に生きることは必要ではなかった。このためマラヤは，経済発展に遅れ，1920年代までは物物交換経済がみられた[4]。

3) 近代的教育の欠如

また，教育も十分には与えられなかった。半島の土侯たちは，近代的な知識に対してほとんど関心を持っていなかったため，読み書きのための学校を作って教育を行うこともなかった。男子は小さい時，宗教塾（pondok）に送り込まれ，そこで，アラビア語でコーランを読んだり，イスラム教の礼儀作法を厳しく守ったりする信者としての教育を受けた。宗教上の理由から，キリスト教による近代的な学校へは行きたがらなかった。またマレー人の女子は，イスラム教の礼儀作法を守るよき主婦としての役割しか与えられていなかった。

1816年，イギリスの宗教団体がペナン・フリー・スクールを設立した。その後，都市を中心に英語学校を次々に増設した。この英語学校は，近代的な知識を教授する教育機関である。しかし，宗教上の原因もあり，またマレー人がほとんど農村に居住していたこともあって，王族・貴族など極少数の都市マレー人以外，英語学校で学ぶことを望まなかった。そこで，苦肉の策として，英語学校の中で簡単なマレー語の読み書きを教えるマレー語分校が作られた。

マレー語学校の教員を育成するスルタン・イドリス・カレッジが創設された1922年以後，マレー語学校に通うマレー人の就学者が増加した。しかし，その教育は必ずしも質の高いものではなく，英語学校や華語学校に比べてかなり劣っていたといわれる[5]。

4) 宗教がもたらした宿命論的生活観

さらに，宗教上，金銭や蓄財が悪とされてきたため，マレー人には，一般に金銭欲が欠如していた。物事の結果を宿命的にとらえ，努力したり競争し

たりする意識は芽生えなかった。マレー人の一生の夢はメッカへの巡礼と死後の天国で，現実の世界では非常に単純で満足しやすく，より豊かな物質生活を求めようとはしていなかった[6]。

彼らは，宗教学校で，現世での幸福よりも来世の幸福を重視し，そのために現世の現状に甘んじるよう学んだ。こうして，彼らの間には，自分の目的を達成するために苦労して働いたり，他人と競争する意識が芽生えなかった。物事を宿命的にとらえるマレー人の社会は，因習を厳守する文化を持っていた[7]。

5) 宗教的信条と賃労働

また，イスラム教への信仰で1日5回の礼拝と年1回1カ月の断食のために，労働の効率は低かった。イスラム教では金利が罪悪視され，また勤労の努力よりも信仰が社会的に尊重されていた。このため，マレー人は賃金労働者となることを厭い，働く場合にも，せいぜい小遣い稼ぎのための一時的賃労働に従事するにすぎなかった[8]。

6) 村（カンポン）への執着と都会の忌避

マレー人の間では，土地やカンポン(kampong)（村）に対する愛着が強く，土地を離れて商売をしたり，都市に出て賃金労働者となることを，忌避する傾向が強かった。また，年中協働して農作業を行うことが少なかったため，組織力が育たず，個人による民間団体の設立はみられなかった[9]。

7) 民族意識の希薄さ

このような状況の中で，マレー人の間では，民族意識が充分には育っておらず，他の民族の到来によって，国家・民族の権利と利益がしばしば脅かされても，マレー人は団結して国家と民族の権利と利益を守ろうとはせず，ずるずると押されて，スルタンの忠実な臣民として，その保護の下に伝統的なカンポンでの生活を続けた。こうした民族意識の希薄さこそが，現在みるような多民族社会の形成を容易にした重要な要因である。そして独立時の政治

的主導権争いを契機として，マレー人の民族意識は急速に高まっていった[10]。

マレー人はこのような生育環境の中で育ったため，生存のためには自分を保護してくれる王と土地を大切にすればよいと考える傾向があった。このため計画を立て，工夫を凝らして生存を維持する必要に迫られることは少なかった。彼らは，宗教生活に憧れを抱いており，他人と競争し合って富を蓄えることなど考えてもいなかった。他民族が到来し生存を脅かされるような事態に直面したときにも，ひたすらスルタンの保護を求めるのみであった。

このような，自然的条件や宗教・政治・社会的条件が，長年の間に，マレー人の間に独特の民族的性格を培っていったものと考えることができる。今日マレー人の識者達は，マレー人のこうした傾向を指して，「骨まで染みついている」と表現する。

3 イギリス植民地政府による労働力移入政策

このような状況に直面し，マレー人のこの特徴をよく理解したイギリス植民地政府は，マレー人に対しては，スルタンを通しての間接統治を行い，マレー人が最も重視している農村の土地を，法律をもって保障する政策をとった。

このため，植民地経済の開発の過程で，マレー人の80％以上は農村に住んで自給自足的な生活を営み，賃金労働者なかでも熟練労働者になるものはごく少数で，英語教育を受けた一握りのマレー人が，公務員・警察官・軍人などになった。

このため，イギリス植民地政府は，主として中国・インドからの労働力の移入を図った。Rafflesはじめ歴代総督は，植民地建設に必要な労働力を中国人とインド人に求め，彼らに対しては，入国歓迎策をとった。はじめ苦力貿易の形をとった中国人の流入は，多くの弊害を生み，それが禁止された後は契約移民の形をとって行われたが，1910年の契約移民の禁止以後，自由移民が多数マラヤに流入するようになった[11]。

20世紀の初頭，イギリス資本によるマラヤの開発が急速に進み，流入し

た中国人は，鉄道，道路，港湾，公共建築物その他の建設事業に，あるいはジャングルを開いてのゴム園の造成に，またスズ鉱山の開発にと受け入れられていった。

このころ，イギリスは自由主義政策をとっており，イギリス人，マレー人，中国人は皆，同等の活動条件を与えられた。このため，「労働者が多少の資本を蓄え，それをもとにして各種商人となることも，あるいはゴム園経営に乗り出したり，またスズの採取業を始めたりすることも全く自由」で，「彼らの活動には何の制限も設けられることはなかった」。中国人がその能力を発揮して経済的勢力を培うのにもっともよい環境が用意され，「彼らの経済的地位は，この時期に不抜のものになった」といわれる[12]。

興味深い点は，マレー人も，その主体的条件を別にすれば，同一の政治的・経済的環境条件やそれらがもたらした制度的条件のもとで，英国人・中国人・インド人など，他のエスニック系の人々と競争することには，格別の障碍は無かったという事実である。

4　中国・インドからの労働力の流入

1）東南沿海地方から流入した中国人の労働者としての特質

中国人移民がマレー半島に到来した時期は正確には不明であるが，14世紀以前に遡る。もともとマレー半島での錫鉱山の開発と錫の商売とは，中国人が始めたといわれる。初期に来た中国人男性は，当時の中国政府が女性の海外移住を禁止していたことから，現地人と結婚した。その末裔は「ばば」(Baba) と呼ばれ，マレー語か英語を使用し，生活習慣は中国方式を維持している。男子が「ばば」，女子が「にょにゃ」(Nyonya) と呼ばれたこれらの人々は，独特な社会を形成している[13]。

マレー半島の開発期には，その労働需要に応じて，多くの中国人が，マレー半島に流入した。福建，広東，海南など，中国の東南沿海地方は山地が多く，人口増加によって耕地が極度に不足していた。このため，余剰労働力が大量に蓄積され，人々は常時生存の危機にさらされていた。このような事情を背景として，この地方の中国人たちは，古くから，戦乱の絶えない国内

への出稼ぎを避け，平和な東南アジアの近隣諸国へ出稼ぎにゆく伝統があった。他方，欧米列強による東南アジア植民地の経済開発のために，苦力として売られたものも長年にわたってかなりの数にのぼった。

　植民地開発の労働力として導入された中国人は，安い賃金にも我慢して懸命に働き，困苦に耐えた。さらに目標の高い人々は，故郷に錦を飾る夢を持っていて，致富を求める欲望が強かった。彼らはチャレンジ精神・競争心が旺盛で，仕事を工夫することには特に熱心であった。極貧を味わった中国人移民は，倹約精神と計画性に優れていた。困難を克服する彼らの能力は高い。鉱山の労働者から自立して商売を始め，そこから様々な産業に転換，発展を続けた。彼らには，常に収益性の高い仕事を求める強い志向がみられた[14]。

　1860年にヨーロッパ列強の強い要求で，女性の海外出国禁止令が廃止された[15]。このため家族を海外に迎える中国人が激増した。その結果，男女の比率が急速に改善され，中国人同士による家庭が急増した。異国で生まれた中国人人口の増大に連れて，中国人の社会が徐々に形成されていく。女性の海外渡航によって，今まで男性しかいなかった出稼ぎの中国人は，一時的な出稼ぎから永住民へと次第に変化し，これが多民族社会を形成する重要な一因となった。

　出稼ぎの中国人は，出国前にすでに本国で商品経済に触れ，貨幣の価値を十分認識していた。特に，東南沿海地方で育った中国人は，商売に長けているものが多く，外国商人と取引する仲買商人から小売り商人に至るまで，その才覚と活力が注目されている[16]。彼らは個人の信用，特に経済的な信用を特に大切にしている。商売上の取引においては，文書による契約よりも友人間の口約束が信用されている。彼らの間には，約束を破ったものは2度と取引してもらえないという厳しい慣行があった。これは，中国社会に長く伝えられてきた伝統であり，この伝統は，中国大陸でも，社会主義60年の文化的変容の中で，今日も生き続けている。

　中国人の信じている仏教，儒教と道教が，祖先を大事にする祭祀以外，現世利益に都合よく解釈され，個人と家族の幸福，これを支える商売繁盛を強

く願う傾向があり，功利的な志向が強かった。

　中国人は配偶者をはじめ，家族や親友を海外へ呼び寄せる伝統がある。また家族内では，あらゆる面で無条件の援助が行われ，これが個人の成功を強く支えた。そのうえ血縁・地縁を契機とする団体や同一の職業に従事する者達によるさまざまな団体が発達し，個人の便宜を図る傾向が強かった。彼らは自立心が強く，政府からの十分な保護のない状況の下で逞しく成長することができた[17]。

　東南アジアに出稼ぎに出た中国人自身は，本国で充分な教育を受けていないものがほとんどであった。にもかかわらず，彼らは教育を重視する中国の文化に馴染んでおり，教育には非常に熱心であった。彼らは本国の教育システムをそのまま取り入れて，子弟の教育に力を注いだ。1819年ペナンで設立された「五福書院」は，最も早い時期につくられた，中国の伝統的教育塾である。その後，ペナン・マラッカ・シンガポールなどの海峡植民地を中心に，中国語の塾が激増した。この時期の塾は地方の方言別に作られ，方言で教育が行われていた。儒教文化を伝授する四書五経や，読み書き算術などをその教育内容としていた。20世紀に入って，中国本国で行われた教育システム改革の影響で，1904にはペナンで最初の近代的な学校が現れた。この学校のシステムと教授内容はすべて本国から取り入れられ，地理・科学・歴史などの科目が新しく設けられた。このとき，教育のための言語は，方言から標準語に切り替えられている[18]。このことは中国人社会の中国本国とのつながりの強さを示すだけではなく，出身地別の自衛自助組織を超えた華人社会の形成に重要な役割を果たしている。

　中国語学校による中国人教育の主な動機は，中国語による中国文化の伝承にあると考えられている。この点について，游仲勲は次のように指摘している。

　「華僑・華人にとって，中国文化・社会を守ろうとする出発点は，まず彼らの子供達に中国語（最初方言）を学ばせることである。言語は文化，さらに社会と根元的なところでつながっている。そのため，中国語を維持することによって，華僑たちは，中国の文化・社会と根元的な所でつながっている

ことが出来る。そのため,華僑は,彼らの固有の文化・社会を守る最も重要な手段として,中国語教育を重視してきた」[19]。

このため,マレー半島にやってきた中国人たちは,自力で初・中等学校を設けただけでなく,本国に華僑のための大学をつくり,子弟に高等教育を受けさせるために,彼らを本国に送り込んだ[20]。

このように華僑は,教育を通じて民族文化を次世代に伝承しようとするだけでなく,これを社会的・経済的地位の上昇を図る手段とも考えていた。

2) 多数華僑の温存とその背景

先に述べたように,イギリス植民地政府の自由主義的な政策が,流入した多数の華僑をマレーシアに温存する結果となった。自由な経済活動が,厳しい条件の中でも生活の維持を容易にし,多くの中国人がマレーシアに止まることを助けたと考えることができる。このことを逆の面から示す事実として,1930年代の大恐慌期に,生活の維持が困難となった多くの華僑が,続々と本国に帰国している事実を挙げることができよう。1931-1933年の3年連続,マラヤへの華僑の入国者数は,マラヤからの華僑の流出者数をはるかに下回っている。こうした帰国者は錫・ゴム産業の労働者が多く,商売などに従事する者は少なかったといわれる[21]。我慢強く,生きるためにあらゆる努力を惜しまないとされる華僑でも,生活の維持が困難となれば,続々と帰国するという事実は,自由な経済活動が許されていたということが,多数華僑をマラヤに残留させた理由を,雄弁に物語っている。このことはまた,人の生死に関わる「経済的要因」が,最終的には貫徹することを示している。

今ひとつの要因としては,こうした事情のもとで,華僑の人口比率が高まり,マレー系と拮抗するほどの数に達したことを挙げることができよう。1947年の国勢調査によれば,マラヤの総人口におけるマレー系と中国系の人口比率はそれぞれ43.5%と44.7%である。さらに1953年国勢調査ではマレー系と中国系の人口比率はそれぞれ43.5%と44.5,1957年の国勢調査ではそれぞれ43.03%と44.32%となっている[22]。先に述べたように,シンガ

ポールを含めたマラヤのエスニック別人口比率は，中国系が僅かにマレー系を凌駕している。この場合，人口比率の高さ自体によって，生活もビジネスも維持が容易となり，中国人のマラヤ残留を支えたものと考えられる。

そのほか，マレー人の民族意識の希薄さもその温存を助けたと考えられる。かつては，マレーシア以上に中国系の比率が高かったタイなどにおいて，今日その比率が約10%と低くなっている理由は，早くから国家意識に目覚めた先住民が華僑を圧迫し，厳しい態度をとったために，多くの華僑が帰国し，華僑の比率が大きく減少したこと，そして残った少数の華僑は，言語その他，現地への同化を余儀なくされたことにある。

これに対して，国家意識・民族意識が希薄であったマレー人の場合，民族的反発が遅れて出現したため，独立後曲折を経て先住民優遇政策の体制が確立するまで，比較的宥和的な政策が採られ，華僑住民の数が温存され，その文化，社会関係をかなりの程度維持することを可能としたことである。

このような，関係の上に，マレーシアでは，現代に至るまで，職業や社会関係において，一種の棲み分けが維持され，文化・社会関係の融合に歯止めがかかった。

これらはいずれも，多数華僑がマレーシアに温存された理由であるが，こうした条件の下での華僑たちの，生存のための厳しい努力を，すなわちその主体的な条件を無視することはできない。この点については，のちに見る華僑資本の経済的浸透において論ずる。

3) 移民労働者としての南部インド人の特質

インド人移民の流入は，19世紀初頭に始まっている。イギリス資本による砂糖およびコーヒーの栽培が求める労働力の必要を満たすためである。当時インドでは，高課税と飢餓及び手工業の崩壊によって発生した債務の累積によって，多くの人々が悲惨な生活状態に追い込まれていた。このため，イギリスは，すでに英領植民地であった人口大国インドの，南部諸州に労働力を求めた。

しかしその後，深刻な病虫害の発生のために，コーヒーと砂糖の栽培が挫

折した。インド人移民を大量にマラヤに導入した契機は，むしろ1900年以後始まったイギリス資本によるゴム・プランテーションの増加である[23]。

インド人移民が中国人移民と大きく異なる点は，インド人移民が当初から政府によって手厚く保護された，政府の補助移民であったこと，中国人に比べマラヤに定住する者が非常に少なかったことである。

インド人労働者の移民は，年代によって募集制度が異なる。

① 契約移民制度または年期奉公制,

② カンガニー制度 (Kangany System),

③ 自由移民制度である。

契約移民制度または年期奉公制は，1910年に廃止されるまで，契約期間は普通3年で，契約期間満了後，エステートを立ち去ることも，他のエステートに移って働くことも自由であった[24]。

カンガニー制度はプランテーションの監督的な地位にある労働者が，プランターの委嘱を受けて，自分の故郷で親類縁者を集めて短期的な労働者として連れてくる募集制度である。労働契約が月単位となり，移動は自由となる。この募集制度によって，マラヤに定着するインド人労働者は大幅に増加した。この制度は1930年に始まり，1938年のマドラス州庁によるマラヤへの移民禁止令により終了した。これ以後は自由移民制度に移行している[25]。

マラヤのゴム産業が飛躍的な発展を遂げた1905年以後，プランターの間にも，またプランターと労働者の間にも，様々なトラブルが起こった。契約移民として募集されたインド人労働者は，プランターにとって量的にも質的にも不十分であった。このため，インド移民委員会は1907年に，インド人移民基金 (Indian Immigration Fund)を設けた。この基金の設置によって，インド人労働者の移民は，組織的に行われるようになった。移民委員会は，南インド労働者の人数に応じてプランターに課金し，この基金は ① インド人労働者の募集経費，② 医療費 ③ 貧窮労働者の帰国旅費と援助 ④ 病弱のインド人労働者及び失業労働者ならびにインド人労働者の子供や遺児などの宿泊所の維持費用など，インド人労働者の移入に関連するすべての費用の支払に充てられた。この移民基金制度の実施に伴って，インド移民労働者

の数が急速に増えた[26]。

　また1920年に海峡植民地で成立した労働法典の特色は，インド人労働者を中心に保護する法律であるところにある。インド政府とマラヤのイギリス植民地政府の二重の保護の下に，インド人を中心に雇用したイギリスの大規模なエステートは，労働条件や労働者の生活水準を，エステート外と比べかなり高い水準を保っていた。

　大きなエステートでは，住宅・保健・教育・育児・娯楽など福祉施設も法的な規制によって完備されていた。1955年の労働省の年次報告（Annual Report of Labour Department）は，エステートの状態を次のように表現している。すなわち，「エステートは，自身の店舗，ヒンズー寺院，演劇場，そして，今日ではしばしばラジオや映画館をもつ自足的な社会である」[27]。大きなエステートはインド人の労働者の子弟のために，タミール語小学校をも創設している。

　医療施設も一応整っていて，その保健水準は，エステート外に比べかなり高かった。1956年の労働省年次報告（Annual Report of Labour Department）によれば，1953年，1954年と1956年全人口の死亡率はそれぞれ12.4%，12.2%と11.5%であるのに対して，エステートにおける人口の死亡率はそれぞれ3.02%，2.84%と2.52%となっている[28]。

　以上，中国人労働者，インド人労働者のマラヤへの移住の歴史は，インド人移民社会と中国人移民社会とが，重要な点で大きく異なっていることを示している。Emerson, R. は，インド人労働者については，政府が多くの法律を通して労働条件から生活条件まで終始行き届いた管理を行うこと，中国人労働者に対しては，政治活動の取り締まり以外，放任する方針をとっていたことであると述べている。さらに，このようにエスニック別に寛厳を異にしているのは，「中国人の多くが自力でことを処する上でインド人より遙かに能力があり，政府の取り締まりを歓迎せず，むしろ激しく拒否するだろうと推察されたからである」と指摘する[29]。移民の性格，その背景となる文化が基本的に異なっていたのである。

4）マラヤに定住したインド人移民の特徴

独立を迎えた時，マラヤの印僑総人口の90％近くは，南部インド諸州からの人々で，その中でも，タミール語系インド人がもっとも大きな集団を形成していた。

マラヤへ移住した北部インド地方の出身者は比較的少数で，パンジャービー及びシーク人はエステートの監視人や巡査として雇われるものが多かった。また北インド系移民の中には，少数ながら弁護士や法務官もおり，政府機関の下級職員や警察官を勤めるものもいた。そのほか北部インド出身の印僑は，小都市の商業，金融業に多く従事していた。これらインド系の商人は，都市の中心地に組合を結成して自己の商業的利益を守ろうとしていた[30]。

印僑全体の約80％は被雇用者であり，イギリス人経営の大ゴム園で働く者がインド人労働者総数の80％を占めていた。印僑所有のゴム園や金融業，商業などの第3次産業に投資したものもごく少数いるにはいたが，印僑資本は，華僑資本とは比較にならないほど少なかった[31]。

嶺学はインド人労働移民の社会について，次のように指摘している。

「インド人の場合，大部分がエステートの労働者として渡航し，労働者として止まり，また労働者として世代的な再生産を行ってきた。しかもその生活は，エステートという個人財産の中で完結した小社会を形成するという形を取った」[32]。

このタミール系インド人は，中国系ほど教育熱心ではなく，エステートの福祉施設としてのタミール小学校に子弟を送ったが，中国系のように，中国語の教育を取り入れたエスニック系の学校を自ら各地に設立するようなことはなかった。また，タミール小学校は質・量とも華僑の民族学校よりはるかに劣っていたといわれる[33]。

以上によって，中国人移民とインド人移民の活動の特徴・その文化的背景が，あきらかであろう。

第2節　各エスニック集団の経済活動状況と華僑資本の経済的浸透

1　マレー系の経済活動：宗教的信条と利潤経済

　イスラムの道徳律が金利生活を罪悪視していること，また，勤労の努力よりも宗教的な篤信が社会的に尊重されていること，その結果マレー系が賃金労働者になることを厭う傾向がみられることは，先に指摘したとおりである。このことはまた資本蓄積にも当てはめることができる。独立前，マレー人の間には，資本を蓄積しようとする意欲はほとんどみられなかった。多くのマレー人は，ゴム栽培を，現金収入を得るための補助的な換金作物とみなしており，そのため，彼らの所有するエステートのほとんどは，超零細規模のものであった。

　ゴムの栽培では，100 エーカー未満のエステートは零細経営で，2000 エーカー以上のエステートが大規模経営とされる。そしてこうした巨大エステートの経営は，ほとんどイギリス人の経営によるものであり，マレー系を中心とする先住民所有のエステートはほとんど 15 エーカー以下という超零細経営であった[34]。

　また当時多くのマレー人は，生産費の計算や利潤経済の原理に全く無知で，彼らの超零細経営は，常に危機にさらされていた。ゴム価格が低落して収入が減少した場合には，これを取り戻すために，ひたすらゴムの生産量を増やすといった行動が取られている[35]。

　マレー人のカンポンにおける原始的な自給自足の生活が，華僑の活発な商業活動によって破壊されたとき，彼らは華僑の債務奴隷になっていたといわれる。しかもこのような時でさえ，マレー人はカンポンを離れて賃金労働者になろうとはしなかった。ただ華僑の経済的な支配に甘んじていたのである。

　嶺学の指摘によると，「華僑は，マレー人社会に貨幣経済を持ち込みつつ，

同時にマレー人農村を市場から隔絶する役割を果たしたものと考えられる。マレー人の共同体は，華僑を介してのみ資本主義経済に触れたために，手から口への停滞した生活を続けた。他方，イギリスの統治は，土着民の生活への直接的干渉をさけ，ヨーロッパ資本も必要な労働力を主として移民に求め，また華僑の築き上げた流通機構を利用していた」[36]。

2 インド系の経済活動

独立当時のインド系の経済的実力に対しては，次のような指摘がなされている。すなわち，マラヤ連邦，シンガポールを合わせた総人口のうち，エスニック別の人口比率からみると，インド系が11％であり，この点では有力な3つのエスニック集団の一つに数えられる[37]。

しかし，経済的な地位からみれば，中国系の圧倒的な経済力とは比較にならないほどの勢力である。彼らは主にイギリス人所有の大農園の労働者や鉄道建設などの労働者として雇われている。インド系所有のゴム園もあるにはあるが，規模から言えば取り上げるに足りないほどのものである。この他に，主にチェティヤー（chitter＝高利貸）へのインド系の投資がよく知られ，商業，サービス業などの第3次産業への投資もある。しかし，これらを全体として見れば，インド系の経済的勢力は無視できるほどのものである[38]。

「インド人労働者も中国人労働者も，もともと移民としてマラヤ経済をになう労働力となったが，インド人労働者の場合，生涯を労働者として過ごす場合が多かったこと，就職分野はゴム園など比較的限られていること，労働者の保護政策が終始行われてきたことなどを，中国人移民との相違としてあげることができる」と嶺学は指摘している[39]。

3 中国人移民の経済活動

華僑たちは，マレーへの流入以来，徒手空拳労苦に耐え，様々な方法と手段を工夫して，精力的に富を蓄積した。彼らが豊かになる方法としては次の3つがその主要なものであった。

①土地開発で富裕になる。中国人は，決めた目標を達成する意志が強く，そのために病気や危険を冒してもやり通す。ジャングルを切り開き，畑を作り，粗末な住宅を建て，そこに住み着く。野菜など収益性の高い植物を植え，その増産を図り，収益を獲得する。それと同時に土地の開墾を続け，所有地を次第に拡大してゆく。いつか居住者が増え，交通の便がよくなると，そこに町が発展する。その結果地価が上がり，彼は富裕となる。開いた土地には家を建てて人に貸し，家賃収入を収めて収益の増大を図る。こうして彼は，土地でも有数の富豪に成長してゆく。

②物物交換によって富を蓄積する。彼らは如何なる僻地にも入り込んでマレー人の農産物と彼らが持参した米や薬，日用雑貨品などと交換する。この時，しばしば，計算に疎いマレー系の弱点を突いて，取引の主導権を握り，時に不正な交換で暴利を貪ることもあった。

③低い賃金を少しずつ蓄積して，行商人から大商人へと成長する。辛い労働に従事して稼いだ微々たる賃金をひたすら節約して貯蓄する。土地の事情に多少慣れ，ある程度の貯蓄ができると，賃金労働者をやめて自立する。この場合，大体，飲食物販売を営む行商を選ぶ。これで，着実に資金を蓄えながら規模を拡大していく。そのうち成功したものは，小都市の小商人から大都市の大商人へと発展する[40]。

先に述べた2つの民族，すなわち，マレー系およびインド系の経済活動と比較すると，華僑のそれは，工夫と挑戦の点で際だっている。華僑は，錫鉱山の開発労働者として知られているが，マラヤの錫鉱山で長年活用された7つの方法のうち，6つの方法は華僑の発明したものである。1912年まで，イギリス人鉱山経営者も，華僑の作り出した設備を模倣して作業をしていた。第一次世界大戦前には，華僑による錫の生産は，マラヤの錫総産額の80％近くを占めている[41]。

しかし，イギリス資本を中心とするヨーロッパ資本は，その後大資本を必要とする浚渫法やポンプ法など近代的な技術の導入によってその産出量を増大させ，もっぱら労働力に頼っていた華僑の錫鉱山経営をたちまち圧倒してしまう。ゴム栽培にも同様な経過がみられる。ゴム栽培を最初に成功させた

のは，マラッカ生まれの華僑，陳齋賢である。その後，自動車産業の発展によるゴムの高収益を見込んで 1909－1926 年まで，華僑の間にゴム栽培のブームが起こった。しかし，その後，イギリス大資本の参入増加と世界経済恐慌の影響で，華僑経営の多くが破綻し，小規模の錫鉱山とゴム園は，イギリス人の手に渡ることになる[42]。

しかし，マレー半島の中国人移民の歴史を通じて，中国人は，刻苦勉励して少しずつ次第に資本を蓄積し，鉱業・ゴム・食品加工など様々な産業に進出した。東南アジアへ出稼ぎに出た中国人は，家族に生活費を仕送りするために，安い賃金でも我慢して命懸けで働き，また忍耐力が強かった。また，中国人は故郷に錦を飾る夢を持っていて，目標が高く，金銭・富を求める欲望がなにより強かった。彼らはチャレンジ精神・競争心が旺盛で，仕事を工夫することには特に熱心であった。徒手空拳で極貧を味わった中国人移民は，倹約精神と計画性に優れていた。困難を克服する彼らの能力は高い。錫鉱山の労働者から自立して商業を始め，そこから様々な産業に転換，発展を続けた。彼らには，常に収益性の高い仕事を求める強い志向がみられた。

以上の叙述は，マレーシアにおける 3 つの主要なエスニック集団に見られる経済活動，およびその社会的・文化的背景の特徴を，よく示していると思われる。そして，こうした違いは，マレーシアの独立期までに，それぞれの経済的地位に大きな格差をもたらしている。

第 3 節　独立期のマレーシアにおける華人の経済的位置

1　3 重構造の一翼を担う

独立当時のマラヤの経済構造を Silcock は，「3 重構造」（three-fold economy）と名付けている。その実態は，(1) ヨーロッパ人による近代的な大規模資本経済，(2) 中国系による前近代的な中小規模の資本経済。(3) 資本という概念ではとらえられないマレー人の生存経済である[43]。

2 華僑の投資額

華僑の投資額については必ずしも明確でなく,様々な推計が行われている。しばしば引き合いに出されるCallisの推計によると,1937華僑投資は約2億米ドル,その他の外国人投資額は4億5,450万米ドルで,華僑の投資は,英国人のそれに次いで,全外国人投資の約3分の1を占めたとされる[44]。

3 マレー系・インド系の経済的地位（1953-1957年における全商工業部門の調査）

これに対して,マレー系の経済力は,
(1) 登録企業数8万9,000の内,マレー系の企業数は8,800,全体の10%を切っている,
(2) 総資本金額4億ドルの内,マレー人の資本は450万ドル,全体の僅か1%である,
(3) 1958年に所得税を納付した3万3,000人の内,マレー系は3,000人である。納税者の全体の約9%,金額で4%にすぎない。その納税者のほとんどは政府の役人である[45]。

マレーシア独立当時,経済活動におけるマレー系の比重はこのように小さかった。1957年の国勢調査によれば,マレー系の73%は第1次産業に従事し,次いで公務員・警察・軍隊などの職業についている。その他は産業に対する不熟練労働者であった。当時マラヤ総人口の11%を占めたインド系は,その大部分がゴム園労働者であり,ごく少数が,商業,金貸しなどに従事していた[46]。

以上マレーシアの独立に至る歴史過程は,各エスニック集団のおかれた状況や民族的性格,その経済活動の特徴と,これら両者のかかわりについて,興味深い意味連関を提示している。その意味の検討については,第7章で行うが,次に,企業経営行動の環境を形成する上で無視できない問題,すなわち,生み出された大きな経済的格差を,何とか是正しようという,独立新政府のとった基本的政策についてみる。

第4節　独立時の政治経済状況

1957年の独立に至る長い歴史の中で，イギリスの植民地経済開発政策の影響で多民族社会が形成された事情については，先に述べた。

1957年，イギリスのマレー植民地が独立して，マラヤ連邦となった。1963年にシンガポール・サバ・サラワクがこれに参加して，マレーシアとなった。1965年にシンガポールが離脱して，現在のマレーシアの形が出来上がった。

こうした独立の過程で，次第に民族意識が覚醒するにつれて，マレー人は自分たち以外の民族が平等な政治的立場を与えられることに猛烈に反対し始めた。その結果イギリス政府は，マレー半島での投資利益確保のために，マレー人の意志を尊重して，政権をマレー人に委譲するという方針をとった。マレー系の政党UMNOが主導権を握る時の政府は，中国人・インド人を移民とみなし，マレーシア国民になるための厳しい条件を課した。

独立当時の経済状況を見ると，主導権を握るマレー人の経済的地位は，これら3つの主要民族の中で最も低い状態であった。先に引用したT. H. Silcockの「3重構造」(three-fold economy)論やG. C. Allenの複合経済論は，この時期の状況をよく示している。

イギリス植民地時代に，イギリスの経済的利害を中心に形成されたエスニック別職業構成の下で，マレー人と中国人との間に大きな経済格差が生まれたことは先に述べた。このような事態は，調和のとれた統一的多民族国家の形成に障害をもたらすとして，このような偏った経済構造を破壊し，マレー人に正当な役割を与えることにより，マレー人による実質的なマレーシア支配を確立することが，新生マレーシア政府にとっての，基本的な政策課題となった。こうした差別政策の正当性についての議論は，マレー側から種々提起されているが，本書の主題とは距離があるので，この問題への深入りは避ける。独立当時に制定された現マレーシア憲法の第153条「マレー人及びサバ，サラワク原住民に対する公務員，許認可等に関する割り当ての留

保—Reservation of quotas in respect of services, permits, etc., for Malay and natives of Sabah and Sarawak」の中でマレー人の特権を詳しく定めている。これによると，国王及びスルタンがマレー人を中心とする原住民（ブミプトラ）の特別な地位と正当な利益を守る責任を有する。国王とスルタンは本憲法及び連邦法によって，マレー系の公務員の職，奨学金，学費，その他教育上あるいは訓練上の特権，特別な施設，取引あるいはライセンスに関して合理的と考える比率をマレー系に留保することを保証する。更にこの憲法153条の改正については，憲法159条第5条に基づき，統治者会議の承認が必要とされている。統治者会議は9つの州のスルタンと国王に任命される4つの州の知事から構成されることになっている。このため，マレー系が絶対的な優位を占める統治者会議でマレー系の利益を保証する憲法153条への否定はまずあり得ないことである。つまり，ブミプトラ政策はマレーシアの議会制民主主義制度の法的枠組を超えて絶対化・永久化された存在であるといってよい[47]。

とはいえ，独立当時の初代首相Rahmanは，すべての民族の融和を重視し，政策的・間接的な介入以外の，経済活動への直接的規制は行わなかった。マレー系と非マレー系の経営者・資本家の間には，ある程度の自由競争原理を働かせる余地を残したと言える[48]。しかし，1970年に至るこの時期には，マレー系の中からは，積極的な起業家も優秀な経営者もほとんど現れなかった。1970年現在，商工業資本におけるマレー資本は僅か1％程度，1971年現在のサービス産業における売上高に占めるマレー系の比率は僅か10％以下であるのに対して，中国系の比率は70％以上も占めている。1970年現在，株式会社部門のエスニック別株式資本所有比率についてみると，マレー系の比率は僅か1.9％にすぎない。金額的にみると，中国系資本の11.9億RM（マレーシアリンギト）に対して，マレー系の資本はその10％にも達しない1億RMである。また，近代的な農業部門（プランテーションなど）においても，中国系がマレー系より優位性を持っている[49]。

以上明らかになったことは，農業・工業・商業すべての部門において中国系が支配力を持ち，マレー系は伝統的な農業に取り残された形になっている

ことである。このため，政府の様々な先住民支援政策もあまり効果が上がらなかった。かえって，中国系・インド系は，これによって一層自立・発展のための勤勉な努力をするようになり，マレー系と非マレー系，特に中国系との間の経済格差は，かえって広がる傾向をみせていた。

ブミプトラ政策の下で，マレー系は，様々な形で企業進出の機会を確保されていたにもかかわらず，その既得権利を放棄・売却して，多くは安定した公務員を志望した。Felix Abisheganaden が指摘したように 「彼らが古い習慣から自分自身を振りきって，額に汗し，どん底から商才を学ぼうとするまでは，いくら政府や誰かがマレー人に金儲け仕事を与えても，それはなんの役にもたたない」ということになる[50]。 マレー系の企業活動への進出を抑制した重要な要因は，マレー系の社会に，企業活動にとって望ましいと思われる価値観――自立性，勤勉・節約・工夫などの価値観が育っていなかったところにある。そこには，企業活動と文化との重要な関わりの一端が鮮明に示されている。この点については，後の諸章で詳しく分析する。

第5節　ブミプトラ政策の成立とその大綱

マレー系の資本家・官僚・商業各界の指導者による 1965 年の第 1 回ブミプトラ経済会議，1968 年の第 2 回のブミプトラ経済会議の 2 回の会議では，自由競争原理の下では，マレー系の企業家を急速に育成することが困難であるとし，マレー系の企業活動の活性化と経済的な地位の向上を実現するためには，今まで以上の国家による支援が必要であり，国家の経済活動への直接的介入により，マレー系を援助すべきであるとする要望が強く打ち出された。政治の主導権を握る政府与党は，この要望を素早く受け容れて，さまざまな公的機関，更に，州ごとの経済開発公社の設立に力を入れた。この 2 回のブミプトラ経済会議が，その後のブミプトラ優遇政策の内容と方向に重大な影響をあたえた。そして，1969 年 5 月 13 に突発した民族暴動が，国家による経済活動への直接介入のきっかけとなった。1970 年から新経済政策 (New Economic Policy: NEP) と呼ばれる強力なブミプトラ優遇政策が，

長年に亘って全面的に展開された。具体的には
① ブミプトラと他の民族との所得の不均衡を是正すること，
② エスニック集団間の資本所有比率の再編を行い，1970年現在の株式会社部門におけるブミプトラの資本所有比率を，1.9％から30％以上に増やすこと，
③ 雇用の比率を人種の構成比率に見合うように雇用構造を再編すること，
④ ブミプトラ企業の育成と自立したブミプトラ商工業コミュニティーの創出
という4つの大きな目標を掲げた[51]。この目標を20年間で実現させるために，政府は積極的に市場メカニズムに介入し，経済・教育・雇用・更には福祉などの多方面にわたって，マレー系に対する全面的かつ強力な支援政策をスタートさせた。

1) 政府資本の参入による公企業の設立

1960年代後半から1970年初期にかけて，政府は巨大な財政資金を持って近代商工業のあらゆる部門に公企業を設立した。これらの公企業はブミプトラ企業の育成の名目で，低利または無利息無担保で借り入れた財政資金で，子会社・孫会社を作り，巨大な公企業グループを作り出した。これらの公企業の数は，子会社を含めて約900社に上ると推測されている。これら数多くの公企業の経営をマレー系に委ね，マレー系を中心的に雇用する。これ以外に政府は，1969年に払込資本11億250万RM（マレーシアリンギト）で国営持株公社（Permodalan Nasional Berhad）を設立した。国営持株公社は重要な産業部門に100％所有の子会社を設け，これらの子会社は豊富な資金で優良なイギリス系・中国系の企業を買収した。財政資金で旧イギリス系や中国系の企業や公企業の株式を支配する国営持株公社は，ブミプトラ信託の会社である国営投資信託会社（Amanah Saham Nasional Berhad）にその株式を保有させることにした。しかし，公企業の経営状況の悪化と財政収入の減少で，1983年から公企業の民営化，特にマレー系への移転が優先的に行われた。1987年以後は，その大部分をブミプトラの名の下に保有し

続けたが，その一部がブミプトラ大衆に幅広く売却された。このような措置によってブミプトラによる株式保有比率が急増した[52]。

2) 雇用におけるマレー系の優遇政策

政府機関や公企業の雇用においては，マレー系の雇用割当が圧倒的に多数を占めている。公務員は収入が安定していて，有利な医療保険や年金が保障されている。公務員に優先採用されるということは，雇用の確保の面だけでなく，様々な面で大きな優遇を受けることを意味する。これらの政府機関や公企業に働くマレー系以外の職員達は，昇進などにおける差別待遇を強く感じている。反面，資格審査の厳しい上級の公務員や技能資格の必要な公務員の中には，テストにパスした非マレー系が多いという現象もみられる。

3) 行政の介入によるマレー系に有利な融資制度の創設

金融面では，ブミプトラが経済のあらゆる分野に進出しやすいように，金利と融資条件に関して，ブミプトラを優遇する資金市場が行政の介入によって形成された。ブミプトラ向けの政府貸付と金融部門におけるブミプトラへの優遇貸付は，巨大なブミプトラ優遇資金市場を形成し，資金市場において政府貸付と一般貸付の二重構造が形成されている。

政府は政府開発支出の約30％前後を政府貸付として，優遇金利とより緩やかな融資条件によってブミプトラ企業あるいは個人に貸し出す。

他方，政府は民間金融部門に対する直接的な行政介入によって，ブミプトラの優遇貸付を誘導している。1970年代の初期に，中央銀行は，ブミプトラ，中小企業，小住宅建設に対する貸付を特別貸付と規定して，商業銀行がこの特別貸付を拡大するよう指導していた。しかし，特別貸付の拡大の実施を確実にするため，中央銀行は貸付ガイドラインを設けて市場金利よりも低い水準に最大貸付利率を定めて，商業銀行の貸付を指導する。融資条件に関して公には明らかになっていないが，無担保・長期貸付が多いと言われている。このような行政指導は後に金融会社にも及んだ。1973年 the Credit Guarantee Corporation (CGC) が創設され，商業銀行の貸付に対する信

用保証を行うようになった。この優遇貸付資金の融資の大部分はブミプトラ向けである[53]。

4) 中小企業経営者への教育訓練

政府は，中小企業経営者の教育と訓練のための施設を運営している。このような施設としては，National Productivity Center (NEP) のほかにも，Malaysian Entrepreneurial Development Centre (MEDEC), Majlis Amanah Rakyat (MARA), the Small Business Development Centre of the University Putra of Malaysia などがある。

5) 中小企業の起業者と技術者への技術・職能訓練

政府は多数の公的機関を設けて，中小企業の起業家と技術者向けの短期教育・訓練を提供している。これらの公的機関には the Standards and Industrial Research Institute of Malaysia (SIRIM), Small and Medium Industries Development Corporation (SMIDEC), Forestry Research Institute of Malaysia (FRIM), (Food Technology Division) Malaysian Agricultural Research and Development Institute (MARDI), the Centre for Instructor and Advanced Skill Training (CIAST), the Industrial Training Institutes (ITIs), the MARA Vocational Institute and the Youth Training Centre of the Ministry of Youth and Sport などがある。

6) 公的機関による幅広い経営コンサルティングサービス

政府の設けた公的機関，例えば，SMIDEC, the Development of Finances Institutions (DFLs), NPC, SIRIM, Business Advisory Centre などは，ビジネスプランの作成，銀行融資の獲得のためのコスト分析など，幅広いコンサルティングサービスを提供している。SIRIM は金属・プラスチック・鋳造の技術センターを設けて，中小企業の製品のデザインと品質管理を提供している[54]。

7) 言語・教育におけるブミプトラ優遇政策：新経済政策の核心

　新経済政策の中に，教育の欠如こそが，生活の質を強化し経済的地位を向上させる能力にマイナスの影響を与える主要要因であり，したがって，教育は，新経済政策の目標達成のための主要な手段であるとの指摘があり，新経済政策達成のために，ブミプトラに有利な言語・教育政策が続々と登場した。

　① 独立10年目を迎えた1967年に，マレー語が英語に代わって，唯一の公用語・学校教育における主要言語となった。

　② 中学校修了試験から大学入試試験に至る公的試験で，マレー語を使用する。国民中学校の入学試験で，マレー語テストに合格しなかった非マレー系生徒は，中学校に入るとき，マレー語の補講を中心に1年間移行学級で学習する。

　③ 1970年から，すべての教員養成コース終了時に，マレー語の免許の取得が強制される。更に公務員のテストは，マレー語で行われることになった。

　④ 全国にマレー系生徒向けの全寮制中等理科学校を設置した。

　⑤ 連邦及び州の奨学金は多く，そのほとんどがマレー系の学生に提供されている。

　⑥ 人口比率に相当する民族別の大学入学割当政策が導入された。

　⑦ マレー系のみ受け入れる大学が創設された。

　1970年代の義務教育の実施前には，中学校に入学しないマレー系が多かったし，大学に在籍するマレー系の学生は極少数であった。しかもその専攻は，歴史・文学に集中し，理科系の専攻者は数えられるほどに少なかった。そして中国系の学生は，ブミプトラ系以外の大学在籍人数の圧倒的な数を占め，近代産業に進出しやすい理科系に集中していた。

　1970年以後，言語・教育における過激なブミプトラ優遇政策の強力な推進の下に，幼児教育から高等教育まで，マレー系に有利な方向に展開してきた。このような優遇政策の結果，マレー系の学歴は次第に向上してきた。大学の在籍学生数ではマレー系が人口比率に相当するほどに急増した。また，

大学のような高等教育機関にポストを得たマレー系も急増した。

　中国系とインド系は，民族別大学入学者割当制度によって，国内の大学，特に質がよく，学費が安い国立大学への入学機会が大幅に減少し，大学への進学は，エスニック集団内の競争となった。特に中国系は成績優秀な学生が多いため，中国系同士の大学進学競争は熾烈を極めている。このため，中国系とインド系の学生の，英語圏の国々への留学が急増した[55]。

8) 1990年以後の新たな経済政策：「国民開発政策」

　1970年から20年間に亘って実施された新経済政策は，1990年には期間満了を迎えた。このような長期・全面的な政策支援の下で，マレー系の経済的地位は，大きく改善されたように見える。1970年，1990年，1995年についてみると，ブミプトラによる株式所有の比率は，2.4％から19.3％へ，さらに20.6％へと増大している。しかし，この間，中国系は，1970年の28.3％から1990年には46.8％へと大幅に増大し，1995年には43.3％と幾分下がっているが，なお40％強を占めている[56]。

　なお，マレー系の数字は，国税（その多くを中国系が支払っている）によって強力に梃子入れされた結果の数字で，マレー系の経済活動の実態を正確に反映したものではない。中国系・インド系に比較すると，マレー系の収入は依然として低い。商工業に進出する起業家や経営者はあまり現れず，被雇用人口もマレー系人口の比率には達していない。

　政府の定めたマレー系の経済状況改善目標が大きくはずれるという現実の中で，政府は新経済政策への評価を棚上げにし，1991年2月「2002年ビジョン」を発表し，更に同年の6月に「新経済政策」の代わりに「国民開発政策」（National Development Policy：NDP）を実施した。NDPはブミプトラ優先の割当や優先権制度を継続する一方，マレー系自身の自助努力と能力・効率の重視を明確にした。これはブミプトラ社会内に市場競争原理を漸次導入することを示唆している[57]。

　2001年現在，13の省と30以上の政府機関は，中小企業に幅広い支援を提供している。1996年に起業開発省（the Ministry of Entrepreneur

Development) が設立され，中小企業，特にブミプトラ中小企業の起業行動とその他の様々なビジネス活動を促進する役割を与えられている[58]。

このような厳しい差別的取り扱いに対して，中国系の反応は様々だが，一つの標準的反応として，次のような考え方を上げることができよう。「中国系とマレー系の競争は，大人と子供の駆け足のようなものである。もしも，中国系に不利な条件を付けないと，試合が始まる前に，あらかじめマレー系の負けが決まっているようなものである。われわれはマレー系を優遇することに反対しないが，ただし，これには期限を設けるべきである」[59]。

初代首相 Rahman は「憲法による保護がなければ，マレー人は自分の国の中でさえ敗北することは明らかであった。」と明確に指摘した[60]。

かつて Abisheganaden は，「マレー系の前には企業進出機会はいくらでも転がっている。只求めさえすれば，好いのである。しかし，彼らは安全で骨の折れないホワイト・カラー（俸給生活者）にばかりなりたがる。だから勤勉・節約，そして冒険する闘志，これは今の一般のマレー系にはおよそ向かない精神であるが，こういうパーソナリティ構造を必然ならしめる[61]。

先住民優遇政策は，マレー系の人々の生活を大きく支援しながら，逆に，ビジネスの発展に必要なパーソナリティ構造の形成を阻害する可能性を秘めているように思われる。こうして新たに形成された企業経営環境のもとで，各エスニック集団の企業経営行動が，今日どのように行われているかが，次の問題である。

第 6 節　小括

この章は，① 多数の異民族を抱える多民族国家の形成過程と，② 生存圧力の大きな違いが，各エスニック集団の性格の形成に大きな影響を及ぼしたこと，③ こうしたエスニック集団の性格の差が，自給自足農業にあんじるマレー系，生涯ゴム農園での勤労にいそしむインド系，徒手空拳，あらゆる機会を捉えあらゆる困苦を忍んで経済的上昇を図ろうとした中国系など，その経済活動に大きな違いを生み出した。④ マレーシア独立までのこうした

第6節 小括　41

各民族の経済活動が，大きな成果の差を生み出し，各エスニック集団の経済的地位に大きな違いが生まれた。⑤独立後政権を握ったマレー系の政府は，こうした大きな経済的格差を是正し，エスニック集団の間のバランスのとれた経済発展をめざして，先住民優遇政策（ブミプトラ政策）を採用したが，独立前に形成された他の条件とともに，独立以後の企業経営環境の形成に重大な影響を及ぼしている。この章では，このような，独立以後の企業経営環境を形成するに至った歴史過程を中心に検討した。過去の歴史の中で，各民族にとっての異なる生存環境や宗教によって形成され強化された文化と，政府による政策的環境操作が，独立以後，各エスニック集団の経済活動に深く関わっていると考えられるからである。こうして形成された企業経営環境のもとでの，各エスニック集団の現実の企業活動については，第3章・第4章・第5章において検討する。

注
1) 津田元一郎「マラヤの教育史」津田元一郎［ほか］著『世界教育史大系6　東南アジア教育史』講談社，1976，148頁。
2) Swettenham, F. A., *British Malay, an Account of the Origin and Progress of British Influence in Malay*, London, 1929。阿部真琴訳『英領マライ史：英国の経略過程』北海出版社，1943，159-160頁。
3) Swettenham, F. A.，前掲書，159頁。
4) 松尾弘「第3章　マラヤの経済と華僑」アジア経済研究所『調査研究報告双書第8集　マラヤの華僑と印僑』アジア経済研究所，1961，80頁。
5) 津田元一郎前掲論文，152-156頁。
6) Mahathir, M., *The Malay Dilemma*, Times Books International, 1970。高田理吉訳『マレー・ジレンマ』勁草書房，1983，216-217頁。
7) 松尾弘「第4章　経済開発上の問題点」松尾弘編『調査研究報告双書第29集　マラヤ・シンガポールの経済開発』アジア経済研究所，1962，250-253頁。
8) 松尾弘前掲論文「第3章　マラヤの経済と華僑」，96-97頁；清水川繁雄「第1章　経済開発の背景」松尾弘編『調査研究報告双書　第29集マラヤ・シンガポールの経済開発』アジア経済研究所，1962，74頁；嶺学「第2章　雇用と労働市場」舟橋尚道編『調査研究報告双書第42集　マラヤ・インドネシアの労働事情』アジア経済研究所，1963，53頁。
9) Shahnon Ahmadの小説 *Ranjau Sepajang Jalan*（小野沢純訳『いばらの道』井村文化事業社，1981）には，農民の生活と労働の実態が，生き生きと描かれている。
10) マレー人の民族意識を呼び起こしたもっとも重要な契機は，マラヤ連合の独立機運が高まった1946年に実施された「マラヤ連合憲法」である。そこで人種・宗教の差別

を認めず，マレー人・中国人・インド人をはじめすべての人種に同等の権利を与えることが定められている。すでに経済的に移民の中国人に大きく後れを取っていたマレー人は政治的な主導権を取られて，マラヤは完全に移民の中国人のものになることを恐れていた。当時の宗主国からマレー人がマラヤの主人公であることを認めさせるために，マレー人の民族意識が強く表れてきた（蔵居良造，1961「第1章　マラヤの政治動向と華僑」，アジア経済研究所『調査研究報告書双書第8集　マラヤの華僑と印僑』，アジア経済研究所，12-13頁）。

11) 嶺学前掲論文，20-28頁。
12) 松尾弘「第2章　マラヤ華僑の人口動態と環境的諸条件の変化」アジア経済研究所『調査研究報告書第8集　マラヤの華僑と印僑』アジア経済研究所，1961，62-63頁。
13) 酒井忠夫「近現代シンガポール・マレーシア：地域における華人の社会文化と文化摩擦」酒井忠夫編『東南アジアの華人文化と文化摩擦』巌南堂書店，1983，3-6頁。
14) 清水川繁雄前掲論文，76-79頁。
15) 日比野丈夫「シンガポール・マラヤにおける華人の発展」酒井忠夫編『東南アジアの華人文化と文化摩擦』巌南堂書店，1983，56頁。
16) 游仲勲『華僑経済の研究』アジア経済研究所，1969，22-47頁。
17) 中国人の血縁，地縁による種々の自衛互助組織「幇」は，生活上の自衛互助に止まらず，経済的な地位を築き上げることに重要な役割を果たしていた。反面，中国系全体としては，近代的・合理的な経済発展の障害ともなっている。この点は，須山卓「第6章　マラヤ華僑の幇と経済」アジア経済研究所『調査研究報告書第8集　マラヤの華僑と印僑』アジア経済研究所，1961，265-289頁参照。
18) 杉村美紀『マレーシアの教育政策とマイノリティ：国民統合のなかの華人学校』東京大学出版会，2000，22-25頁。
19) 游仲勲『華僑』講談社，1994，35頁。
20) 市川信愛『現代南洋華僑の動態分析』九州大学出版会，1991，121-166頁。
21) 松尾弘前掲論文「第2章　マラヤ華僑の人口動態と環境的諸条件の変化」1961，62-63頁。
22) 松尾弘前掲論文「第2章　マラヤ華僑の人口動態と環境的諸条件の変化」1961，55頁。
23) 須山卓「第7章　マラヤの印僑社会と経済」調査研究報告書双書第8集『マラヤの華僑と印僑』アジア経済研究所，1961，294-298頁。
24) 須山卓前掲論文「第7章　マラヤの印僑社会と経済」，297頁。
25) 須山卓前掲論文「第7章　マラヤの印僑社会と経済」，300-302頁。
26) 須山卓前掲論文「第7章　マラヤの印僑社会と経済」，299頁。

1922年にインド政府はインド移民法（Indian Emigration Act）を制定し，インド移民労働者のマラヤへの移住に制限を加えながら，インド移民労働者の保護政策を打ち出した。その主な内容は次のようなものであった。すなわち，
①募集経費の負担の免除，
②標準賃金率の設定，
③子弟の教育と出産手当金の支給，

④ 移民労働者募集の免許制,
⑤ 労働契約からの刑罰条項の撤廃,
⑥ 帰国希望者の帰国旅費の支給,
⑦ インド政府及び植民地政庁によるインド移民労働者の働くエステートの臨検などである。(須山卓「第7章 マラヤの印僑社会と経済」調査研究報告双書第8集『マラヤの華僑と印僑』アジア経済研究所, 1961, 299-300頁; 嶺学「第1章 賃労働の形成」舟橋尚道編『調査研究報告双書 第42集 マラヤ・インドネシアの労働事情』アジア経済研究所, 1963, 26-28頁)。

このように, インド人のマラヤのへの移住は, インド政府とマラヤ行政当局の統制下に入り, プランターはインド人労働者の労働と生活条件の一層の改善を行わざるを得なくなった。インド人を雇用するあらゆる場所を臨検する権限をもったインド政庁の事務所が, 1923年に設置されている (須山卓「第7章 マラヤの印僑社会と経済」調査研究報告双書第8集『マラヤの華僑と印僑』アジア経済研究所, 1961, 294-301頁)。

重要な点は, インド人労働者たちが, マラヤのイギリス植民地政府によって, 当時の基準としては手厚く保護されていたこと, このような保護は, 中国人には適用されなかったことである。

インド政府がインド移民労働者の保護を強く求め続ける情況の中で, 1912年に連邦州で, そして1920年には海峡植民地で労働法典が成立した。この労働法典は「以前の人種別の移民労働者の保護立法を近代化して集成したもの」である (嶺学「第1章 賃労働の形成」, 舟橋尚道編『調査研究報告双書 第42集 マラヤ・インドネシアの労働事情』アジア経済研究所, 1963, 31頁)。その主な内容は以下の通りである。
① 賃金の支払時期・労働契約の期間・効力・週当たり最高労働日・一日当たり最長労働時間・時間外手当・出来高払。
② 使用者の破産の場合の労働者の賃金支給。
③ 農園における住宅・医療施設などに関する基準についての政府の監督の労働法に違反する農園の閉鎖と罰則

また, 1923年の改正も1922年に制定されたインド人移民法に基づいて行われ, さらに労働者の生活と労働条件を改善する内容を補充した。その改善された主な内容は労働者の本国の送還・労働犯罪に対する罰則の廃止・インド人児童労働の禁止・農園における育児所の設置・労働者の子供のための学校・女子労働者に対する母子手当の支給・標準賃金設定に関する規定である。(秋田成就「第5章 マラヤ(マラヤ連邦・シンガポール)の労働立法」船橋尚道編『マラヤ・インドネシアの労働事情』アジア経済研究所, 1963, 132-133頁)

27) この点, 先に見た中国人の扱い方と対比すると, その差が鮮明に表れていて興味ぶかい。
28) 嶺学前掲論文, 31-45頁。
29) Emerson, R., *Malaysia: A Study in Direct and Indirect Rule Company,* The Macmillan Company, 1937, p.33.
30) 須山卓前掲論文「第7章 マラヤの印僑社会と経済」, 291-293頁。

31) 松尾弘前掲論文「第3章 マラヤの経済と華僑」, 315-318頁。
32) 嶺学前掲論文, 19頁。
33) 津田元一郎前掲論文, 161-163頁。
34) 清水川繁雄前掲論文, 68頁。
35) 清水川繁雄前掲論文, 75頁。
36) 嶺学前掲論文, 19頁。
37) 嶺学前掲論文, 12頁。
38) 松尾弘前掲論文「第3章 マラヤの経済と華僑」, 74頁。
39) 嶺学前掲論文, 25頁。
40) 南洋協会編『南洋の華僑 増訂3版』目黒書店, 1942, 86-88頁。
41) 南洋協会編前掲書, 334頁。
42) 南洋協会編前掲書, 305-317頁。
43) 松尾弘前掲論文「第3章 マラヤの経済と華僑」, 74頁。
44) 松尾弘前掲論文「第3章 マラヤの経済と華僑」, 136頁。
45) 松尾弘前掲論文,「第4章 経済開発上の問題点」, 253頁。
46) 松尾弘前掲論文,「第4章 経済開発上の問題点」, 239頁。
47) 堀井健三「第1章 ブミプトラ政策の歴史的性格と国家資本の役割」堀井健三編『マレーシアの社会再編と種族問題：ブミプトラ政策20年帰結』アジア経済研究所, 1989, 13-15頁。
48) 独立以後, 中国人・インド人・マレー人の呼称に代えて, 中国系・インド系・マレー系と呼ぶことにする。
49) 小野沢純「第3章 新経済政策下のブミプトラ資本の再編と進展」堀井健三編『マレーシアの社会再編と種族問題：ブミプトラ政策20年の帰結』アジア経済研究所, 1989, 78-79頁。
50) Felix Abisheganaden, "Malays in Business; Opportunities are there for the asking, but mamy prefer safe, cushy White-Collar Job", Sunday Mail, Kuala Lumpur, Feb, 5, 1961, p.4. 松尾弘「第4章 経済開発上の問題点」松尾弘編『調査研究報告双書 マラヤ・シンガポールの経済開発』アジア経済研究所, 1962, 254頁。
51) 小野沢純前掲論文, 75-80頁。
52) 堀井健三前掲論文, 42-46頁。
53) 今岡日出紀「マレーシアにおける金融構造変化とそのマクロ経済的含意」,『アジア経済』第28巻第2号, 1987, 24-43頁。
54) Abdullah, M. A., "Policy Support Programmes for Small and Medium Enterprises: Evidence from Malaysia", Workshop paper June 21st 2001 at Nagoya University, 2001, pp.20-27.
55) 石井由香『エスニック関係と人の国際移動：現代マレーシアの華人の選択』国際書院, 1999, 33-68頁。
56) Gomez, E.T., & Hsiao, H. H. M., (ed), *Chinese Business in South-east Asia: Contesting Cultural Explanations, Researching Entrepreneurship*, Curzon Press,

2001, p.63.
57) 佐藤寛「マレーシア開発戦略転換：脱ブミプトラ政策の形成過程」『アジア経済』第35巻第9号, 1994, 49-73頁.
58) Abdullah, M. A., "Policy Support Programmers for Small and Medium Enterprises: Evidence from Malaysia", Workshop paper June 21st 2001 at Nagoya University, 2001, p.20.
59) マレー中学校の中国系男性教員, 2002年4月・中等教育教員面接調査.
60) トゥンク・アブドゥル・ラーマン・プトラ著；小野沢純監訳；鍋島公子訳『ラーマン回想録』井村文化事業社, 1987, 118頁.
61) Felix Abisheganaden, "Malays in Business; Opportunities are there for the asking, but mamy prefer safe, cushy White-Collar Job", Sunday Mail, Kuala Lumpur, Feb. 5, 1961, p.4. 松尾弘「第4章 経済開発上の問題点」松尾弘編『調査研究報告双書 マラヤ・シンガポールの経済開発』, アジア経済研究所, 1962, 254頁.

第2章
企業経営主体の形成過程

第1節　企業経営行動の進行過程

　企業経営行動は，一般にいくつかの段階を経て進行し，発展・成功あるいは，停滞・挫折の過程をたどる。3つのエスニック集団の企業経営行動を分析するための分析枠組みとして，この企業経営行動をその発展の段階に分けてみると，次のような姿が浮かび上がってくる。ここで，「企業経営行動」とは，企業を起こし，これを発展させるための行動のすべてを指すが，多数の人間による組織行動は，当面考慮に入れていない。したがって，当面の対象は，企業のあり方に決定的な影響を及ぼす経営者の行動を指し，それが可能な中小経営を対象としている。

　　企業機会の認知→発意→構想→決断→計画→準備→起業行動→制約要因の認知→制約要因の克服→発展→〔成長による環境との不適合の発生とその克服→発展の進行〕→〔この過程の繰り返し〕→目標の達成（満足水準への到達）・夢の実現

という過程がそれである。状況によっては，そのいくつかの段階が相前後することもあり得るが，分析を進めるための標準的な形としては，このような発展過程をたどって，企業経営行動が進行してゆくものと想定して大過ないものと思われる。そこでこれらの過程について，いま少し具体的にみると，次のようになる。

　［企業機会の認知］：多くの場合，何らかの企業機会を認知することが，

「企業経営」をやってみようという［発意］につながるものと考えられる。ビジネスクラスの家庭における圧倒的なビジネス志向の影響や，エスニック集団の一部に見られる高度のビジネス志向，あるいは生活上の必要など，何らかの理由によって，まず企業経営をやりたいという［発意］があり，何かよい商売（企業機会）はないものかと探索する場合も現実には存在し得る。しかし，こうしたいわば「空想的発意」に対して，「現実的発意」ともいうべきものは，やはり企業機会の認知の次に来るものと考えるのが自然であろう。目標のない発意は，行動へと結び付きにくいからである。また，ある構想を抱懐することが即企業機会の認知となるという同時的な過程も起こりうる。企業機会の認知・発意・構想の関係は，ループ状にとらえることも可能である[1]。しかし，分析のための枠組みとしては，これを比較的自然な形で展開しておく必要があろう。

　［発意］：そこで次に，「企業経営をやってみよう」という［発意］の段階を取りあげる。この［発意］なしに企業経営行動が始まるという事態は考えにくい。一般的な形としては，まず［発意］があるとみるべきであろう。この段階は，はっきりと意思を固める［決断］とは異なり，まだ，企業経営行動を，イメージの中で断念する可能性をも含んでいる。それは，決断した後，現実的障害に突き当たって断念する場合とは，同一ではない。

　［構想］：「企業経営をやってみたい」と［発意］した場合，大なり小なり何らかの構想がこれに伴っていると考えるべきであろう。［構想］は，［発意］とほぼ同時的に描かれる場合もあれば，少しずつ次第に発展してゆく場合もあり得る。しかし，こうした構想が［構想］として練り上げられるのは，ふつう［発意］がなされた後の過程と考えるのが自然である。この［構想］が，進出産業や企業規模など，その後の企業経営行動の方向性を大きく規定するものとなろう。なかでも重要なのは，どの産業に進出するのか，すなわち，どのような製品・サービスを提供するのか，資本規模をどの程度のものにするのか，コアー技術をどう確保・活用するのか，市場をどのように想定するのか，などの問題である

　［決断］：［構想］の実現過程にある程度の確信が持てるようになると，現

実に行動に移る［決断］がなされる。「構想なしの決断」というのは，想定しにくい希なケースとみてよい。構想までは，まだイメージの世界での活動であるが，決断以後は，行動の過程となる。

　［計画］：［計画］は，行動の一部であり，これまでイメージとして描いていた［構想を］具体化し，現実化する過程として現れる。なかには，［発意］と［決断］とが一体化して現れ，［構想］と［計画］が一体化する場合も想定し得るが，分析の枠組みとしては，これらを分けて考えるのが望ましいと考えられる。

　［準備］：計画が満足水準に達すると，次に［準備］行動が始まる。その内容は，当然企業によって多様であるが，どのように単純な計画であっても，［準備］段階は必要となる。資金計画に基づく資金の調達，関係作りや事前の宣伝・広報，事務所・店舗・工場などの準備，人の採用や細かなところでは，電話の準備など，準備行動は，枚挙にいとまないほどのものとなろう。

　［起業行動］：このような準備を経て，現実の行動としての［起業行動］が行われる。ここに，一つの企業経営主体が形成される。

　［制約要因の克服］：起業された企業のなかには，当初から順風満帆の企業もあれば，当初から予想外の［制約要因］（limiting factors）に突きあたり，苦労の連続という企業もあり得る。こうした場合まず，この［制約要因］の認知があり，それを何とかして克服し，さらに前進しようという努力が行われる。

　うまく［制約要因］を克服して発展する企業もあれば，なかには［制約要因］の克服が困難で，停滞・挫折に追い込まれるものもあろう。そこに選択過程が厳しく働いてくる。

　［目標の達成・夢の実現］：［制約要因の克服→発展→環境との不適合の発生とその克服→発展の進行］の過程は，次々に繰り返され，企業経営行動の一層の展開が行われる。こうした成功と挫折の過程を乗り越えて，企業経営者としての目標の達成・夢の実現が近づく。しかし，この過程は，企業経営者の企業観の如何によって，かなり異なってくる。ささやかな目標の達成によって夢を実現する場合もあれば，大きな目標を達成しても，さらに大きな

目標に向かって夢を広げる場合もあり，そこに企業家の人生観や価値観が，大きく関わってくる可能性がある。

　企業経営行動を以上のような諸段階に分けて分析することは，3つのエスニック集団の企業経営行動についての比較研究を行う場合，それぞれどの段階にどのような特徴があり，どの段階が大きな格差をもたらすかを究明するのに役立つと筆者は考えている。そして，それらを総合的にみることによって，各エスニック集団の企業経営活動の特徴の全体像をとらえることが可能となる。

第2節　企業経営行動と環境

　実際企業経営行動は，真空の中で行われるわけではない。それはある環境の中で行われる。そこで次に，起業行動の環境についてみる[2]。環境について論ずる場合，われわれは，「実在環境」と「環境像」とを，まず区別しておく必要がある[3]。

1）　実在環境
　主体に対して現実に無視し得ない客体的影響を及ぼすと考えられる，客観的存在としての環境である。まず人間としての行動主体は，「実在環境」の中で形成される[4]。家庭環境，交友環境（接触の頻度が高く，互いに影響しあう傾向の強い環境），社会環境などがそれである。人々は，こうした環境の中で日々生活するうちに，強く意識することなくさまざまな価値観や態度，行動のための知識を吸収する[5]。起業によって企業経営主体が出現すると，実在環境は企業経営環境として認識される。

2）　環境像
　主体が認識した環境諸要素は，主体の「環境像」を構成する。しかし，この環境像と「実在環境」との間には，常に何らかの乖離が存在する。主体的

行動の成果に大きく影響する諸要素をどこまで正確に認識しているかによって，主体の「働きかけ」に対する，「実在環境」からの「応答」は異ってくる。主体は，環境からのこうした「応答」を受け止めて，常に環境像を再構成しながら，次の活動を行う。これが「環境適応」である。状況適合理論は「実在環境」とその部分的認知としての「認知環境」とを対置するが，誤認をも含む「環境像」と「実在環境」との対置が，主体と環境との関係では重要である[6]。

この関係は，個人・エスニック集団・社会の価値観の形成や企業経営環境の分析にとって重要な意味を持つと考えられる。

3) 環境と主体との関係

これらの諸概念によって認識される「環境」と主体との間の関係には，次のような3つの関わり方がある。

(1) 環境適応：自己の価値観と環境からの「応答」に合わせて環境像を再構成し，この「新しい環境像」に自己の振る舞い方を合わせることによって，自己を環境に適合（fit）させ，環境との適合関係を回復しようとする。これにはいくつかの場合が存在しうる。

① 適応不能：環境像の再構成に失敗し，あるいは，再構成した環境像に適合する手段・意欲を持たない場合，結局実在環境との適合性を回復できず，停滞・挫折の道を歩むことになる。

② 活性適応：実在環境へのおよその適合には成功するが，なお解決されるべき問題を残しており，解決のための努力を継続・強化することで，その活力を維持する場合である。

③ 過剰適応：十分適応し，環境からの快適応答によって「眠り込み」，一層の工夫・努力を忘れて，長期的には沈滞への道を辿る場合である。

(2) 環境選択：自己変革によってそのまま実在環境に適応するのではなく，自己にとってより適応しやすい，あるいは自己の将来にとってより望ましい別の環境（活動の場）を選択し，この新たな環境に対しての適応（選択適応）を行う場合である。これには，自己変革を伴う場合と，自己

変革を全く伴わない場合（居心地のいい環境に逃げ込む）とが想定し得る。1つの概念として環境適応と区別しておく意味はあると考えられる。

(3) 環境操作：意図的に環境を変化させようとする「働きかけ」である[7]。企業経営行動に即していえば，政策主体（中央および地方）によって行われる場合と，企業主体あるいはその連合によって行われる場合とがある[8]。これらの問題については，「環境の圧力と民族性との関わり」について分析する第7章で，歴史過程をふまえつつ，少し踏み込んで検討する。

第3節　個別主体の形成

起業行動の発展は先にみたように進行するが，次にこの活動を担う個別主体が，どのように形成されるかが問われなければならない。

1　価値形成環境

価値観の形成には，生育時の家庭環境がきわめて重要な意味を持つ。G. Hofstede は，価値観の基礎は10歳くらいまでに形成され，その後は変更が困難であると指摘する[9]。また，2001年と2002年にマレーシアで行った経営者アンケート調査で，調査対象経営者の父親の職業についてみると，マレー系，中国系ともに，自営業の家庭に育ったものが多く，それぞれ65.7％，60.5％を占めている。この数字は，［発意］に対する家庭環境の影響の大きさを示唆している。逆にインド系の非商工階級の人々が，ビジネスに進出する場合，カーストの価値観と闘いながらこの障壁を乗り越えて，ビジネスに進出しているが，こうした価値観の壁を克服するには，多大の努力を必要とする[10]。インド系移民の場合，マレーシア独立当時，80％以上がゴム園での現場労働者で，経営者の比率が極端に低いので，現場労働者の僅かの比率の人々が起業しても，経営者の中の現場労働者出身者の比率が大きく表示されるという点にも留意しなければならない。

家庭環境のほかにも，個人の価値観の形成に重要な影響を及ぼす要因は多

い。一般の交友関係や，マレーシアの場合のようなエスニック集団内の濃密なかかわり，それぞれの社会の政治的・経済的・社会的・文化的環境が多様なかかわり方をする。この問題については，価値観調査をもとに，家庭の影響やエスニック集団の影響について検討した第7章で詳しく扱う。個人の価値形成と環境との関係を図式化すると次のようになろう。これによって，価値の個別性と，エスニック集団内の価値観の共有の側面とが明らかとなる。

主体の性格←→行動と「実在環境」からの応答：家庭・交友関係・エス
　　↓　　　　　　　　　　　　　　　　　　ニック集団・社会
　基礎的主体価値の形成　←――　限られた範囲での行動と共有価値（文
　　↓　　　　　　　　　　　　　化）の吸収[11]
　主体価値の再構成　←―――　より広い範囲での行動と「実在環境」
　　　　　　　　　　　　　　　からの応答
　　　　　　　　　　　　　　　たとえば海外との接触などによる新た
　　　　　　　　　　　　　　　な価値観の形成
　（その繰り返し）　　　　　　吸収した共有価値への反省・価値のグ
　　　　　　　　　　　　　　　ローバル化など

　こうした環境と主体形成との関係を，企業経営行動とのかかわりで整理すると，次のようになる。すなわち，経営環境のもとで，それぞれの個別主体が，価値の再構成・主体の再形成を行っている。経営環境は，これらの経営主体に影響を与え，その戦略や行動に影響を与える。主体と実在環境との関係にはある程度の自由度があり，彼らの採る戦略・行動によって，成果に差が生まれる。実際，企業のすべてが，one best way を採用しているわけではない。もし主体形成や価値形成に，それぞれの社会の，あるいはエスニック集団の価値観が，影響を与えているならば，多数主体の企業経営行動がある「型」を示す結果となり，このことが逆に，それぞれ企業経営環境に特徴的な作用を及ぼす。これは筆者が，本書において明らかにしたいと考えている主要な論点のひとつである。

2 価値観と主体

 以上のように，現実には，文化的に継承された価値は，個人の体験の中で，主体の価値観として再構成される。そこに，価値観の個別性とその多様性を貫く民族的特性（型）が現れる根拠がある。したがって，企業経営行動に大きく関わるいくつか重要な価値と，その継承・発展・変容，企業経営行動との接点について検討することは十分意味がある。

第4節　文化に対する発達論的視点と類型論的視点

 ここでいう発達論的視点は，社会・経済の発展に沿って，その文化が，どの段階にまで到達したかを問題にする。マレーシアの事例に引きつけていえば，自給自足的な農業社会に生きていたマレー系の価値観に対して，曲がりなりにも商業経済にふれた中国系が身につけていた，貨幣や交換，前貸しや利得などの観念，それらに対する評価などを，企業経営行動にとってより発達した文化と見なす視点である。この視点は，マレーの文化も，発展すれば，ほぼ同様の内容を持つに至るとみる考え方につながる。それは，ある文明がその発展段階に応じて生み出す文化である。文明と文化とを分けて考察する傾向が見られるが，筆者は，この両者は，表裏一体の関係にあると考えている。すなわち，文明は，人間の生活を支える物的手段の体系と理解されることが多いが，この体系を支える思考方法や感性が文化であり，その一方だけが，長期にわたって一人歩きすることはない。この両者は相伴って変化・発展するものと，筆者は考えている。この点は，機械文明に適応していった日本の文化について考えれば，明らかであろう。
 また，類型論的視点は，文化を型の違いとして，それぞれの特徴を検討する。例えば，大きくいってキリスト教文化・イスラム教文化・ヒンドゥー教文化・仏教文化などは，内部に様々な差異を含みながらも，互いに異なる類型の文化を形成・維持・発展させてきたものと考えることができる。マレーシアにおけるマレー系・中国系・インド系の価値観のうちにこのような

文化類型を見いだすことは可能であろう[12]。

第5節　企業経営主体の形成

　企業経営主体の形成過程は，企画主体の形成と，行動主体の形成とに分けて考察できる。

1　企画主体から行動主体へ

　起業過程は，別の面からみると，企画主体がまず形成され，それが行動主体へと発展してゆく過程とみることができる。起業機会の認知から決断に至る過程は，企画主体としての活動であり，決断から起業及びそれ以後の活動に至る過程は，行動主体としての活動と見なし得る。そして，起業以後の過程は，すべて行動主体と見なすことができる。これらの過程にあっても当然に企画活動は継続されるが，それは行動を支えるものであり，単なる企画主体とは区別されなければならない。それは行動主体による企画活動の継続とみるべきものである。つまり，この両者は，環境との関わり方が異なっており，区別して考える必要がある。すなわち，企画主体の場合は，基本的にイメージの世界での働きかけに限定されており，実在環境への働きかけはまだ行われていない。したがって，実在環境からのフィードバックも起こらない。

　これに対して，行動主体は，実在環境に対して働きかける存在であり，したがってまた，実在環境からのフィードバックを得て，行動主体は，その価値観・態度と戦略・戦術を再構成するよう圧力を受ける。

　しかし，実在環境に対する重大な誤認・見落としがあり，実在環境と環境像との間に，大きなズレが生じており，なおかつその修正が十分でないとき，この企業経営主体は，有効な目標の設定に失敗したり，あるいは，制約要因の克服に失敗して，再出発を余儀なくされたり，挫折・脱落の過程を辿ることになろう。

2 目標達成活動：目標の認知と企業主体・企業経営環境の同時形成

　主体の形成は，目標の認知と時を同じくする。目標を持たぬ主体は存在し得ないと思われるからである。そして，主体の形成は，同時に環境の認知をもたらす。企業経営環境も，企業経営主体の形成によって認識される（環境としての意味を持ち始める。）この認識された環境が「環境像」である。このように企業経営主体とその環境像とは普通同時に形成され始める。すでに指摘したように，この「環境像」と，主体を形成したり，企業経営行動に応答する「実在環境」とは区別されなければならない。

① 目標の認知＝企画主体の形成→環境の認知→「環境像」の形成→新たな獲得情報に基づく「環境像」への「働きかけ」→「環境像」の修正
② 起業の決断─→行動主体の形成─→「環境像」に基づく「実在環境」への働きかけ─→実在環境からの応答─→「環境像」の修正─→行動の適正化─→目標への接近

　この目標達成活動に大きく作用するのが，主体の価値観と利用可能なリソースであると考えられる。

3 企業主体と企業経営環境との間の関係の変化：外部変化と内部変化

　以上，環境および主体形成について検討してきたが，主体と環境との関係は，以上見たように，複合的であるうえに，この両者の関係は，常に変動している。主体の側に変化が起きる可能性もあるし，また環境の側に変化が起きる可能性もある。
　(1)　環境要因の変化：現実の企業経営環境は，刻々と変化しているといっても過言ではない。急速な変化の過程にある環境要素，ゆっくり変化する環境要素，長期にわたり変化しにくい環境要素など，多様な要素が複雑な組み合わせで環境変化が起こる。企業主体は，その「環境像」を，できるだけ

「実在環境」に近づけるべく日々努力を行っているのであり，そこに，情報収集活動の重要性が認められる。老舗の停滞や崩壊の多くは，環境像更新の遅れや，それに基づく経営戦略・戦術の陳腐化によるものと思われる。

(2) 主体の側の変化：主体の側も，刻々変化する。

① 価値観の変化：企業主体形成の過程で受け継ぎ，構築した価値観も，環境からの様々の応答や，主体の側の学習などによって，再構成され続けている。

② 成長－巨大化による環境との関わりの変化：主体自身の成長・巨大化も，環境との関係を大きく変化させる。複雑性要因の増大によって，その価値や戦略の変更を余儀なくされたり，戦略の変更が組織構造の再構築を要求するなど，主体の側の変化によって，主体と環境との関係も大きく変わる可能性をはらんでいる[13]。

③ 技術革新も，両者の関係を大きく変える。しかし，この場合，それは，(外部変化として現れたり，内部変化として現れたりする。企業の外部に画期的な技術革新が現れた場合，逆に企業の努力によって革新的な技術が開発された場合などがそれである。

以上は，個別主体の行動について分析する場合の考え方であるが，国際比較や多民族国家におけるエスニック集団間の比較分析などの場合には，こうしたダイナミックな動きではなく，むしろそこに現れる「型」が問題になる。分析枠組みとしては，分析対象によってこれを使い分ける必要が生じる。

4　企業機会の認知と「リソース」の役割

1)　「リソース」の概念

「行為主体を取り巻く諸要素のうち，行為主体によって目的達成に役立ちかつ役立て得ると認識された諸要素」を「リソース」と呼ぶことにする。ここでは物材に限らず，広く知識・情報・技術・その他の経験・ネットワークなどを指す。このような要因もそれを役立て得る要因と認識されない場合，それは「リソース」とはならない。「リソース」は，実在の「リソース化可

能要素」の中から，主体の目標に照らして，選択的に「リソース化」されたものである[14]。

　若年からビジネスを志向するマレーシアの中国系にとっては，教育も「リソース蓄積過程」であり，例えば，ビジネスに貢献する中国語その他の知識・情報・訓練，さらに人脈などの要素までが評価され，「リソース」化される。しかし，高級公務員を目指すマレー系にとっては，有力大学出身の事実や学力が「リソース」となる傾向を持つなど，実在的には同一の要素であっても，それは目標によって異なる「リソース」と見なされるとともに，行為主体が自分にとっての「リソース」であると認識して初めて「リソース化」が起きる。この主観性の故に，その重要性と有効性についての誤認が起こりうる。

　また同様の「リソース」であっても，その活用能力によって，目標達成への貢献度は，当然のことながら異なってくる。一例を挙げると，ブミプトラ政策によって，政府がマレー系に提供する低利貸付は，敏腕なマレー系企業家がこれを活用しようとするとき，それは立派な「リソース」となるが，自家の蓄積で十分にまかなえる程度の小規模のビジネスを構想するマレー人や融資決定に必要なビジネス計画を提示できないマレー人にとって，それは「リソース」とは映らない。

2)　「リソース」の基本的性格

　この「リソース」の基本的性格は，目的への手段性・操作可能性に認められる。その「価値」との違いは，「価値」が手段性を持たない，行動主体の判断基準であり，操作が困難なことである。もちろん，人は自らの「価値」に反する行動もとりうる（例「いやだが仕方がない」）が，これは操作による価値の変化を意味しない。

3)　目標の設定と「リソース化」

　このように規定すると，目標なしの「リソース化」は，起こりえない。それは，あくまでも，目標の設定との関わりのなかで発生する。

4) 起業行動の過程と「リソース」の動員

起業が「発意」されると，目標の認識と同時に，目標達成に役立つと思われる「リソース」が認知され始める。実在としての「リソース化可能要素」のうちのあるものが，経営主体によって「リソース」として認識される。経営主体は，構想の段階で，これらの「リソース」を，具体的なイメージに沿って組み合わせ，成功の可能性を探ることになる。その結果，起業の決断がなされると，描かれたイメージに沿って具体的な計画が立てられ，計画に沿った「準備の段階」で「リソースの動員」がおこなわれ，起業行動が開始される。この「リソースの動員」は，「リソースの現実化」であるといってよい。誤認に基づく「リソース」は，この動員の段階に至って，実在環境からの予想外の応答を受け取ることになる（たとえば予定した融資を断られるなど）。

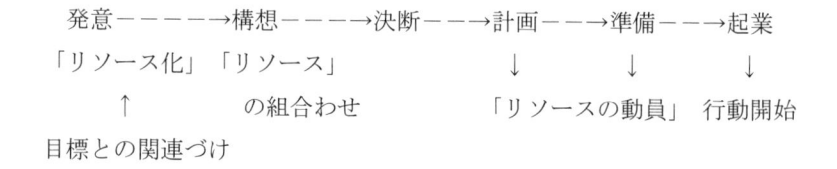

```
発意－－－－→構想－－－－→決断－－－→計画－－－→準備－－－→起業
「リソース化」「リソース」              ↓       ↓       ↓
  ↑          の組合わせ        「リソースの動員」 行動開始
目標との関連づけ
```

5) 機会の認知・決断と「リソース化」

このため，企業機会が認知され，発意が行われると，「リソース化可能要素」の「リソース化」が次々に起こってくる。こうして，形成された価値と「リソース」の認知によって，「選択肢の限定」（他の目標の放棄）と，「特定選択肢への誘引」（目標への集中）という，抑制と促進の2つの力が働き，「決断」へのチャネリングが行われる。

6) 「リソース化可能要素」と「リソース活用能力」

再度確認するが，要素の存在そのものが「リソース」ではない。認知され，活用される「リソース化可能要素」が「リソース」である。例えば，物材・知識・情報・アイディア・社会関係（支持・名声・人脈など）などの

「リソース化可能要素」が存在したとしても，それを認知し，活かす能力・活かす気のない場合，「リソース化」は起こらない。

こうした諸要素の「リソース化」能力は，
① 「リソース認知能力」
② 「リソース創出能力」
③ 「リソース活用能力」によって決定される。

「認知能力」は，「実在過程」の中から「リソース化可能要素」を的確に認知し「リソース化」を行う能力を指す。「リソース創出能力」は，それだけでは「リソース化」できないいくつかの要素を組み合わせ新たな「リソース化」を行う能力であり，ビジネスに革新を生み出す可能性を秘めている。コンピューターネットワークを利用した多くの新ビジネスは，「リソース創出」の例と言えよう。「活用能力」は，イメージの中の「リソース」（環境像の一部）を現実化し，ビジネス目標に対して有効に結びつける能力を指す。これらの能力には，当然個人差があり，その結果，行動の成果に大きな差が生まれる。

第6節 小括

以上，起業行動の進行過程について分析的にみると，それが様々な段階を経て進行することが分かる。また，形成された価値観の再構成と「リソース化可能要素」の「リソース化」が様々の局面でこれと関わりつつ，この過程が進行する。

価値観は，それ自身，機会の認知（例えばビジネスへの強い関心や高い評価など）や［発意］・［決断］などの意思決定（計画性や敢闘精神など）において重要な役割を担っているだけでなく，また，「リソース化可能要素」およびその「リソース化」において，すなわち「リソースの認知」，「リソース活用能力」などの局面で，「リソース」との関わりを持つ重要な要素であると筆者は考えている。

筆者は，経済活動の活力を支える企業経営行動を，さまざまな段階に分析

可能な，そして，これらの段階を経て進行する一つの過程として捉え，経営主体の形成過程を明らかにするための筋道について検討した。今後，この枠組みに沿って，3つのエスニック集団の企業経営行動についての比較分析を行うことによって，企業経営活動のどの段階でどのような差が見られるかについて明らかにしたいと考えている

注
1) 岩田奇志「『起業行動』の諸段階：企業主体の形成過程再考」山崎広道編著『法と政策をめぐる現代的変容』，成文堂，2010。
2) 岸田は，組織－環境関係の諸類型について，詳細な図示を行っているが，この関係は，起業行動を検討する場合の，個人－環境関係についても当てはまる。岸田民樹『経営組織と環境適応』1985，55-59頁。
3) 岸田民樹『経営組織と環境適応』の第1章「組織と環境－境論の諸類型」には，環境論についての詳細な分析がある。
4) 実在環境と主体のかかわりについては，拙稿「企業経営主体と企業環境－意味論からみた主体と環境の相互作用－」『熊本法学』第116号，2009参照。
5) Geert Hofstede, *Cultures and Organizations: software of the mind*, McGraw-Hill, International (UK) 1991；岩井紀子・岩井八郎訳『多文化世界：違いを学び共存への道を探る』，1995，8頁。
6) 誤認は何らかの程度で常に存在すると思われるが，その程度によって結果は大きく変わってくる。
7) 岸田は，「状況適合理論は組織と環境の間の交換プロセスに焦点を当てながらも，環境から組織への影響を重視して，環境に合わせて組織を変えるという点を強調し，そのため組織が環境に及ぼすという側面の分析を欠いている」と批判している。岸田前掲書，220頁。
8) 前者の例としては，マレーシアの「ブミプトラ政策」を挙げることができよう。これは，先住民（主にマレー系）が有利になるように，政治的・経済的・文化的（言語・教育政策など）に様々な設定が中央政府によって行われた環境操作と考えてよかろう。
　　また，後者の例としては，巨大経営による独占形成や寡占企業の連合による独占形成，同業者組合など多数企業の連合による独占などがこれに当たる。マレーシアの例で言えば，巨大な政府企業の独占的地位の確保とその下請け作業のマレー系への優先的確保や，中国系企業の連合による同業者組合が，中国系企業に対して有利な価格で取引をする（マレー系の人々が繰り返し表明）などの例を挙げることができよう。
9) Geert Hofstede 前掲書，3頁。
10) スンダラーム氏（K.Sundaraam）（46歳）は，インド系二世で乳製品の製造工場を経営している，知的で鋭い観察者である。スンダラーム氏の父親は農民の出身で，もともとビジネスマインドにはなじんでいなかったが，マレーシアにやってきて，生き残るために価値観を変えた。このため，スンダラーム氏は，父が自分を金銭に対して

なじみ易くしてくれたと，カースト文化の壁を乗り越えた父親に深く感謝しており，現在も困難な問題に出会ったとき，いつも瞑想の中で亡き父親と対話すると述懐している。カーストに規定された伝統文化を乗り越えるには，多大の努力を要する模様である。
11) この共有という言葉は，しばしば無反省に使われる傾向があるが，その内容はあいまいである。一定範囲の人々がすべての文化要素を排他的に共有するということは現実にはあり得ない。したがってこれは，ある範囲の人々が，文化要素の多数を分かち持ちつつ，全体としてある「型」を示すと考えるほうが正しい。ここでは，「共有」という言葉をこのように緩められた意味で使用する。
12) Geert Hofstede 前掲書は，国民文化に対しては疑念を呈する一方，地域・言語・民族集団ごとにデータを分類検討すべきであると提案している。
13) Chandler, Jr., A. D., *Strategy and Structure*, MIT Press, 1962.
14) 岸田は，資源の定義を，Yuchtman & Seashore (1967) による定義，すなわち「組織が他の構造との関連において利用しうる手段あるいは便宜である」に沿って，資源を定義する。岸田前掲書，204 頁。本研究では，組織・個人を問わず，企業経営目的を達するのに役立てうる要素（「リソース化可能要素」）と，役立てうると認識された要素（「リソース」）に分けて，検討している。

第3章
企業経営行動の発展過程：事例研究

　第2章で検討した分析枠組みに基づく詳しい分析（第4章・第5章）に先立ち，この章では，3つのエスニック集団の企業経営活動の概略を把握するために，一連のインタビュー調査を行った。

第1節　調査の対象と方法

1　中小企業経営者を調査対象に選んだ理由

　成長して組織化，制度化された大企業より，中小企業のほうが調査対象として望ましいと考えた。その理由は，中小企業の場合個人経営者の役割が大きく，発意（企業経営をしてみようかという意向の発生）から始めて経営発展の全過程をみることができる。大企業の場合，さまざまな人間がこれに関わり（マレーシアの場合政府機関が関わることも多い），中心となる経営主体が交代したりするために，企業の生成・発展を導く要因の解明がきわめて複雑となる。

　これに対して，中小企業の場合には，個人がその全過程に関わっていることから，集合的価値観の影響（エスニック文化の影響）や「リソース」蓄積過程の影響などを検討する上で，有利と思われるからである。

　また，マレーシアの場合，中小企業に関するエスニック別にまとまったデータは見あたらない。このようなデータは，政府にとって必ずしも好都合ではないということが考えられる。そこで，エスニック別に，中小企業の経営行動の実態を明らかにするために，企業経営者への面接調査とアンケート調査を行った。

2　経営者面接調査

面接調査の時期：2000年11月・2001年10月追加調査
2000年調査担当者：プロジェクトマネジャー陳立行（当時日本福祉大学教授・現関西学院大学教授）・岩田龍子（当時日本福祉大学教授）
2001年追加調査担当：岩田奇志（当時日本福祉大学非常勤講師）
サンプルの選択
　多忙な経営者に数時間にわたって，面接調査に応じてもらうのは難しい。そこで，マレーシア科学大学の卒業生である，MBAやDBA取得者，その他研修参加者など日ごろ中小企業研究で接触の多い経営者に依頼して，彼らの紹介を通じて，面接に応じてもらった。
面接調査での主な質問：
　個人の背景，起業の経緯，どのように企業機会を見つけたか，
　どんな業務を行っているか，
　企業を発展させる上で遭遇した困難とその克服，
　発展の過程と成果，
　共同経営・情報提供・ネットワークの活用など家族・友人の協力のあり方，
　子供の教育や将来についてどう考えているか，
　ビジネスを子供に継がせるか
　人生の目標とビジネスとの関わり
など，企業経営活動と関わりの深い問題について詳しく聞き取りを行った。
サンプル数：12ケース，内マレー系とインド系がそれぞれ3社ずつ，中国系6社の面接調査を行った。うち中国系1社は台湾資本で，ここでは省略した。このほか，マレー系を対象に家具製造業での起業を支援をするインキュベーター様の組織1を調査している。
面接対象：
　1　NG Chee Mang（伍智民）（中国系）Penchem Industries SDN. BHD.

高性能の接着剤の製造（装置産業），現在社員5人

2 Koay Chiew Guan（郭鍬源）（中国系）Koay Kah Seng Enterprise SDN.. BHD.
建設用鉄骨の製造，従業員40人と臨時雇い60人

3 Barry Wong（翁）（中国系）Hillton Precision Engineering
金型製造，従業員26人

4 S. T. Sim（沈善忠）（中国系）Ezeepop Industries SDN.BHD.
食品製造，従業員12人，臨時雇20-30人

5 James Leow（廖鑫燊）（中国系）Moon Green Enterprise
健康飲料製造，従業員25人

6 Johnson Tan（陳鐘聲）（台湾，中国系）Chin Well Fasteners CO. SDN.BHD.
ねじ類の製造，従業員60人，インタビューの内容は省略

7 Mortar Bin Allas（マレー系）Moza Industries SDN. BHD.
電子部品・プラスチック部品の製造，従業員100人，臨時雇100-470人

8 HJ. Mokhtar HJ. Ismail（マレー系）PRENN BATIK (M) SDN. BHD.
バティク製品の製造　従業員53人

9 B. T. Smail（マレー系）Nasir Pomsekar
大豆製品，従業員8人

10 Uthira Rudru（インド系）Aki Aki Kogyo Industries (M) SDN. BHD.
金型の製造，従業員10人

11 E. Maheswaran（インド系）ELPAD Herbs
ハーブカクテル・薬・化粧品の製造　40人

12 S. K. Sundaraam（インド系）Enrico's Raviaraj SDN BHD
乳製品製造　従業員22人．

第2節　企業経営行動発展過程の実態

　一見混沌とした過程のようにみえる企業経営行動も，先にみた諸段階に沿ってみてゆくとわかりやすい。そこで筆者は，先に第2章で提示した企業経営行動の流れに沿って，面接調査の結果を再整理することで，その実態を理解しやすい形で把握したいと考えている。

　この事例分析のもう一つのねらいは，これも第2章で提示した分析枠組みの内，本研究にとって重要な意味を持つ2つの問題，すなわち
① 形成された経営主体の価値観が，企業経営行動とどのように関わっているか，
② 企業経営行動にとって極めて重要な意味を持つ「リソース」の蓄積過程，「リソース化」の実態，「リソース活用能力」がどのように現れるかという実態の分析と，エスニック集団の間に，これらの点で何らかの差が現れているか，について検討することにある。

　なお，これらの事例は，当時筆者自身非常勤講師を務めていた日本福祉大学のグループ研究の一部として行った面接調査と後に筆者自身が単独で行った面接調査で得た事例を使用している。

第3節　中国系企業の事例

事例　1

　この事例は，サラリーマン時代に描いた構想を，20数年という長期の我慢強い計画に基づいて，見事に実現しつつある事例であり，これまでマレーシアが全面的に輸入に頼っていた高性能接着剤の製造という，全く新しい分野にマレーシアではじめて進出し，立派に成功をおさめつつある企業の事例である。

　伍智民は40代初めでまだ独身。マレーシア科学大学卒業後，1年2カ月，

中国系企業で働いたが，企業に在勤中，起業のための優れたアイディアを得た（企業機会の認知）ことから，これを実現するために退職し（発意），大学院の博士課程に入学，3年半かけて，化学の領域で博士号を取得した（リソースの蓄積）。

この過程は，見方によっては，先に提示した企業経営行動の流れで，発意－構想－決断の形ではなく，むしろ構想－発意－決断という流れを示しているのではないかとも考えられる。これは，「構想」をどのように理解するかによって考え方が分かれるであろう。「構想」を単純なアイディアのレベルで考えると，「構想」がはじめにくると考えることもできるし，「構想」をかなり複雑かつ具体化されたレベルで理解すると，一般には「企業を興そうか」という「発意」がまずあって，その後に具体的な「構想」が練られるものと考えるのが妥当であるように思われる。筆者自身はこの立場をとるが，場合によって，これらの初段階を柔軟に考える必要があるかも知れない。またこの事例は，構想に基づく基本的なリソースの追加を高等専門教育に求めている点に注目したい。

その後，伍氏は，米国との合弁企業に15年間勤務し，様々な経験を積みつつ製造課長にまで昇進した。この過程で伍氏は，経験・人脈・情報・資金の蓄積を（リソースの蓄積）行っており，その計画の長期性・準備の周到さで我々の目を惹く。

5年前，伍氏は，妹の助け（家族リソースの活用）を借りて，自らは勤務を続けながら自分の会社を設立した（起業）。日常業務は妹が担当し，伍氏は，勤務の終わった午後5時以後，最高責任者としての仕事をこなした（家族リソースの活用）。

その主な業務は，オーストラリアから高性能接着剤を輸入し，マレーシアで販売することであった。これ自体，長期の構想に基づく企業経営発展のための1ステップ，周到な計画の一部であることは，伍氏の次の行動によって明らかである。すなわち　伍氏は1999年に会社を辞め，社長業務に専念することにしたが，その時から製品の輸入をやめ，自ら高性能接着剤の製造を始めた（製造業への進出）。輸入品の販売で，すでに販路は確保されており，

製造業への進出に立ちはだかる大きな制約要因の一つを見事に克服したのである。設備投資に巨額の資金を必要とする場合，販売を軌道に乗せるまでの時間は，企業にとって大きな負担となるからである（制約要因の認知と克服）。

こうして，伍氏の会社の製品は，価格が安く引き渡しが速いなどの強みから，外国製品に対しても十分な競争力があるという。彼は，マレーシアにおける人件費の安さ・消費者との距離の近さを見事にリソース化し，品質面でも輸入ものと損色のないものを製造，提供することで，彼の会社の製品のマーケットシェアーは急速にのびている（発展の進行）。

会社株式の所有は，伍氏が60％を持ち，米国系企業で一緒に働いていた友人が35％，妹が5％（家族・友人リソースの活用）所持しているという。投資の主要な部分は，伍氏とパートナー，それに中国のベンチャーキャピタルからの拠出によるが，興味ぶかいのは，文書による契約は交わしていないという。しかし，年々の支払いは，銀行を通じてきちんと行われていて，友好関係は維持されており，トラブルは一切ないという。これは，中国で親しい関係者の間で古くから行われてきた方法であるが，改革開放以後の中国でもみられる（中国文化の一面）。

伍氏は，化学と半導体に強い（知識・経験・情報リソース）ので，いずれは，海外に工場を建て，大きな製造会社にまで発展させたいと考えている（発展の進行＝広がる夢とその実現への接近）。

エスニック間の関係についての伍氏の観察は，興味ぶかい。すなわち，ビジネスの関係では，エスニックの違いは問題にならない。そこには，ほぼ機能的なあるいは感情中立的な関係が展開されている（この点は，われわれ日本人や中国人にも容易に理解できる）。

しかし，私的な関係の中では，様々な形で民族性が影響を与えているという。多く中国系の友人たちが，伍氏を助け導いてくれている（友人の協力＝エスニックリソース）。これに対して，インド系やマレー系の人々は，他人を指導したり，訓練したりはしないと伍氏は考えている（リソース格差）。

この事例は，いかにも中国系らしい雰囲気を漂わせている。

1) この事例は，20年以上かけて，自分のアイディアを実現しようとする，強力な目標指向性，長期にわたる我慢強い計画性を示している。

2) 教育に関心の強い知識志向性：マレーシアでは高卒のビジネスマンが多いなかで，超一流の大学および大学院で，ことに理系の学問を学び，近代的な製造企業の設立発展に結びつけたことは，活用の如何によってはそれが大きなリソースとなりうることを示す事例ということができる。

ちなみに，マレー系の場合，ブミプトラ政策によって，高学歴者は公務員の採用・昇進において大きく優遇されており，教育は，ビジネスにとってのリソースと意識されるよりは，公務員として昇進するためのリソースと意識される傾向が強い。

この点，ビジネスに対する評価が，大きく関わっているものと思われる。ビジネスの評価が高い，改革開放以後の中国では，発展の初期から高学歴者のビジネス進出が行われている。ビジネスの評価が極めて高いという点は，中国文化に共通する1つの特徴といえる。

3) 中国系の転職の多さとともに我々の目を惹くのは，中国系が，企業に勤務しながら，様々なリソースを蓄積し，自らの創業に備えようとする強い志向性である。次に示す事例（事例2）はこの点を特に鮮明に示している。

4) 勤務中に自分の会社を設立し，5時以後に必要な業務を行うというハードワーキングは，高度成長期に日本でもしばしばみられたが，中国系の1つの特徴とみられる。

5) 信頼する友人間の，文書に依らない口約束の果たす役割の重要性は，戦前の中国では広くみられた現象であるが，改革開放以後の中国でも，なおこの傾向は認められる。

6) 大企業にまで育てたいとする大きな夢は，多くの中国系経営者の間で認められる。そこには，神を崇めたり，瞑想にふける生活への過程・方法としてのビジネスとは異なり，自己目的化したビジネス，「終生ビジネス化」したビジネスの一つの帰結であろう。

7) 中国系の友人たちの間にみられる緊密な助け合いの傾向は，筆者が中国大陸における社会関係の特徴として提起した A－B－C 関係すなわち，

「友人の友人は友人」とする社会関係と正確に一致する[1]）。

これに対して，日本，韓国の場合には，A－B関係がその基本であり，マレー系に関しても，その社会関係の特徴は，A－B関係であるという指摘がなされている（後に取り上げるインド系の経営者スンダラーム（Sundaraam）氏は，これと同様の見方を披露し，彼の場合，兄弟でも助け合うことはないと述懐している）。

事例　2

Barry Wong（翁）氏（以下翁氏）は，シンガポールでガードマンをしていた貧しい中国系人の一人息子として生まれ，母は，彼が22歳の時になくなっている。豊かな家庭の出身ではない。11年の教育を受けた彼は，機械製造科で学んだ（マレーシアでは，それなりのリソースとなり得る）。

彼は，道具メーカーに2年間勤務した後，ドイツ系のカーステレオメーカーに技師補として転職・勤務，（リソースの追加）同時に，夜学に1年半通って，エレクトロニクスを勉強した（リソースの追加）卒業と同時に，医療機器メーカーに技師として就職した（リソースの追加）。これが，翁氏の企業創設に至る3段飛びであったという。翁氏は，はじめの2社で，技能を磨き，3番目の企業で，マネージメントのノウハウを身につけ，社会的ネットワークを作り上げ（リソースの計画的蓄積），そして，企業をスタートさせるための，社会的信用を築いたという（社会的リソースの蓄積）。こうした計画的なリソースの蓄積は，中国系に多く見られる将来の創業を意図したもので，そこに翁氏の発意・構想・決断・計画・準備の過程が認められる。

翁氏は，この医療機器メーカーに3年半勤務したのち，電子機器その他のメーカーを顧客とする金型製造の会社を設立した（起業行動）。

株式の60％は翁氏が所有し，妻の兄弟3人が残りの40％を持っている（中国系に見られる幅広い家族リソース）。彼らは，それぞれ，エレクトロニクス，エンジニアリング，ツーリング（tooling）の知識・技能を持っており，それぞれの部局を担当，監督しており，妻は，会計を担当している（家族リソースの結集）。26人いる労働者のうち，25人が中国系，1人がマレー

系である。

　ビジネスで重視する原則は，約束を守ること，有能であること，責任感を持つことである。一人息子には，将来弁護士か医者になってほしいと考えている。

　興味深かったのは，工場の入り口に，富の神様とされる関羽（三国志に出てくる関羽のこと，中国では，この名だたる武将が，なぜか富の神様に祭り上げられている）の像が祭ってあり，現世での御利益を求める，中国系の宗教意識の一端を表明していて，興味深かった（この宗教意識は，中国系の場合，意欲喚起・激励などの意味で＋リソースにこそなれ，－リソースにはならないと思われる）2)。この点は，後に見るマレー系やインド系の宗教意識と比較すると面白い。

　このケースにも中国系らしい特徴が顕著に出ているように思われる。それは，

　1）　厳しい条件の下でスタートしても，機会あるごとに何かを学び取り，無形資産（無形リソース）を着実に蓄積し，独立に向かって常に努力を怠らない姿勢である。

　2）　自分の代に実現できなくとも，子供の代には，高度の教育によって知的職業に就けることを目指しているなど，公私を含めて，学習への志向性が強い（教育による無形リソース蓄積志向）。

　3）　従業員が圧倒的に中国系に偏っている点も，注目に値する。同様な偏りは，他のエスニック集団にも見られる。

事例　3

　この事例は，マレー系との間に例外的な融合を示す興味深い事例である。

　郭鞦源氏は50歳。父親が16人の仲間と作った鋳造所を後に買い取り，父親が単独の所有者となった。郭氏は，この鋳造所を父親から受け継いだ（リソースの継承）が，1967年，八幡製鉄が，ペナンに進出したのをきっかけに，その灌漑事業の下請けとなった。1976年，郭氏もこの事業に参加。1979年工場を作り，建設のための鋼鉄枠の生産に乗り出した。

面接時（2000年現在），正規の従業員は40人。うちマレー系が30人，中国系が10人と，他の多くの企業と異なる珍しい人員構成になっている。これにバングラデシュからの臨時雇いが約60人加わる，総勢約100人の企業である。政府から仕事をもらっていることもあって，中国系企業としては，マレー系の従業員が多い。また，移民法の規制により外国人労働者は，雇い主を変更することが禁じられているため，外国人労働者を雇うことで，比較的賃金の安い安定した労働力とくに熟練労働者を確保している。

郭氏との何気ない会話の中で，図らずも興味深い発言に出会った。郭氏は55歳になったら会長に退き，経営は息子に任せたいと思っている。夢は世界中を旅することであるという。「世界を旅してどうするのですか」というわれわれの質問に対して，「世界を旅すればまた新しいビジネスチャンスが見つかるかも知れない」という。ここに図らずも彼の「終生ビジネス志向性」が露呈している。ビジネスがそれ自体目的化しており，他のエスニック集団に顕著にみられる傾向，すなわち，「神を崇める」（マレー系）や「静かな宗教的瞑想の生活を送る」（インド系）など，他の目的が人生至上の目的であり，ビジネスはそうした目的に至るための手段ないし過程であるとする考え方とは，基本的に異なっている。郭氏は，会社を大きく更に大きく発展させたいのだという（夢の追求）。ビジネスが自己目的化している以上，これは，自然な論理的帰結と考えられよう。そしてまた，ビジネスからの完全引退はしないと考えられている点，先に見た伍氏と共通の志向性が見られる。中国系企業家の多くは，息子，あるいは場合によっては，娘にトップ経営者の座を譲っても，自分は，会長その他何らかの形でビジネスに関わり，ビジネスに貢献したいと考えている。

この調査で特に興味を引かれたのは，郭氏の教育に対する次のコメントである。

マレーシアの中国系の人々の場合，イングリッシュスクールで教育を受ける場合と，チャイニーズスクール（発言通り―華語学校筆者注）で教育を受ける場合とがある。郭氏は，イングリッシュスクールで教育をうけた。そのころ，チャイニーズスクールは，入学希望者が多く，入学できなかったから

である。チャイニーズスクールでは,「原則」にのっとって教育が行われ,規律も厳格であった。このため,子供たちは,頑張って勉強しなければならなかった。この学校を卒業すると,子供たちは,中国語を身につけるだけでなく,頑張って生き残るための知識・態度を身につけており,競争的で,ビジネスに適した気質を育てているという。

　これに対して,イングリッシュスクールは,近代的な価値とオープンマインドを基準に教育され,このため,卒業生たちは,リベラルで,自立的でオープンマインドな傾向を示している。その教育は,弁護士や,医者,教授など,アカデミックな知識を要求する職業に向いているという。

　郭氏個人についていえば,英語しか話さない人々との取引で,父を助けることができたが,中国語がうまく読み書きできないため,中国系の人々と取り引きするのに不便を感じているという。

　このコメントの中で興味深かったのは,最近マレー系の人々や,インド系の人々の中に,厳格な規律の教育を求めて,その子弟をチャイニーズスクールに入れる人が増えているという指摘である。われわれのインタビューに同席していたある中国系の教授は,「あなたは,どちらの学校ですか?」という質問に,「残念ながら (unfortunately) イングリッシュスクールです」と答えていた。

　このケースでも,中国系に顕著に見られる知識・学習志向性が顕著に見られる。郭氏の場合にも,4人の子供たちのうち3人は,コンピューター技師ないしコンピューターサイエンスの学習中であり,残る1人は,チャイニーズスクールで勉強中であるという。

　この事例は,父の後を次いで経営者になったケースであり,起業に関して格別の示唆を受けることはないが,
1)　「終生ビジネス志向」,
2)　ビジネスに関して,野心的な夢を持っている点,
3)　子供の代に対して,高度な知識志向・教育志向性を持っている点など,事例1とあわせて,大変に興味ぶかい。
4)　他方また,マレー系の従業員が多いのも,事例として,興味深い。

事例 4

沈善忠氏は，中国系の3世で，兄弟2人で海産物の加工業を行っていたが，アイス製品（チューベットなど）が，利益の上がるビジネスだと分かり，この会社を設立した（企業機会の認知・対応の柔軟性）。今では，マレー系の婦人の投資を得て，この会社は，大きく規模を拡大した。現在売り上げは好調で，工場は16時間稼働している。常雇いの従業員は12名，臨時雇いを含めて，シーズンにより20ないし30名，そのほとんどは中国系である。1日8時間労働となっているが，繁忙時にそれを超えると時間外賃金を支払うことになっているほか，年1回，4・5日の社員慰安旅行をしている。

兄は11年間，弟は，わずか6年間の教育を，イングリッシュスクールで受けた。弟の夢は，3人の子供たちによい教育を受けさせ，医者か弁護士にすることである。自らは十分な教育を受けられなかった場合でも，子供たちに対しては，高度の教育や知的職業につけたいという志向性が強いのも，他の中国系の例と共通している。

ビジネスへの志向性は中国系の場合特に高いとは言うものの，幾分豊かになった中国系の人々の間では，高い教育と知的職業への志向が非常に高い点は留意する必要があろう。先住民優遇政策の下で，公務員への道が極度に閉ざされている彼ら華人の場合，医師や弁護士などの知的職業が，尊敬を受ける限られた機会なのであろう。企業をますます大きくしたいと願う一方，子供たちには，高度の教育を受けさせ，知的職業に就かせたいというのが，屈折した親の願いなのである。

この事例は，中国系の起業に，マレー系の資産家が投資している点，事例2の，マレー系労働者を多く雇っているケースとあわせて，エスニック間の若干の融合を示す例として興味ぶかい。その他の例では，エスニック系によって，労働者が色分けされるケースが圧倒的に多い。

事例 5

2001年10月3日に 熱帯果汁飲料を生産・販売する会社を訪ねて，その経営者廖鑫燊氏にインタビューした。廖氏の祖父は中国の福建省からマレーに出稼ぎにやってきた。当時，祖父も父もペナンで暮らしていなかったが，叔母（父親の妹）がペナンで暮らしていたので，廖氏は叔母を頼りにペナンにやってきて，そのままペナンに住み着いた。

廖氏の父親は妻を2人持っていた。1人目は中国の福建省で結婚した妻で，もう1人はマレーシアで結婚した中国系であった。父親は小学校の校長であった。廖氏は7人兄弟の長子で，英語学校で勉強した。高校を卒業したあと下の兄弟を育てるために進学をやめて働き始めた。

彼は言う。私は最初から会社勤めをしたくなかった。人の下で働くのが嫌いだったから，自分で商売を始めた（強いビジネス志向性）。ビジネスを始める資金は，家族からもらったわずかな金と苦労して少しずつためた貯金である。最初は小さな商売で，それで稼いだお金で少しずつ商売を大きくしてきた。目下，3つの会社を経営している。大学教師がよく投資してくれる。我が社はいま熱帯の天然果物を利用して健康飲料を作っている。社員は全部で35人，中国系が32人，マレー系は3人である。儲けた利潤の1％で基金を作り，中国系にこだわらず貧乏な学生の救済に役立てている。優秀な学生は国の未来であるから。私は学生以外の貧乏人にお金をあげたいとは思わない。

私は今年50歳。今までビジネスで挫折したことが6回もあった（挫折と再起・目標への執念）。しかし，私はどんな時でも自分を信じる。いくら失敗しても必ずいつか成功すると信じている。人間は信用がもっとも大事である。私が人とつきあう原則は1）人を大切にすること。例えば，私は職員に非常に親切である。だから彼女（この会社の職員のほとんどは女性）たちは私のために死んでもよいという気持ちがあると思う。また，原則2）は金があるときでも，傲慢な態度を取らないことである。だが，世間は冷たく金が多いときは友達も多いが，金がなくなったとき友達も去っていく。それでも，私が失敗したとき，助けてくれた人もいた。中国系の友達は私に金を貸

してくれた。マレー系の友達は私にお客さんを紹介してくれた。

　私はほとんど中国系と取引する。マレー系と取引する時は，現金でしか取引しない。マレー系は商売が不得意である。また計画も資金繰りも得意ではない。私はマレー系の友達とビジネスする時，少しビジネスのやり方を教えてあげる。今のマレー系は少しビジネスが上手になった。

　インド系の友達はいない。インド系は真心を持って友達を作らない。中国系の友達はいっぱいいる。もっとはっきり言えば，皆友達である。しかし，中国系の友達の中に真の友達はいない。皆何らかの目的で私を訪ねてくる。私にはマレー系の心からの親友が2人いる。

　廖氏の部屋の物置の棚の上に，小さい関羽の像が置かれている。彼は関羽を信じるが，ただの慰めである。1983年にキリスト教に入信した。将来70歳以後に，私は，これまでの施設とは違った立派な老人ホームをつくりたい。私は自ら老人ホームに行って，年寄りと会話をしたいと思っている。

　私には3人の息子がいる。上の2人は勉強がよくできる。その中の1人はイギリスに留学して法律を勉強している。もう1人はアメリカで医学の勉強をしている。末っ子は学校の成績がよくないので，将来私の後を継がせようと考えている。今，末っ子は喜んで私の商売を手伝っている。上の2人は英語学校に送った。末っ子は中華語学校に通わせている。

第4節　マレー系企業の事例

事例　1

　モルタール（Mortar）氏は，50歳台初めのマレー人である。今彼はシャープとソニーのためにカセット部品の製造を請け負っている。

　彼は貧しい家庭に生まれた。彼の父は屋台を引く行商人であった。そして彼は14人の兄弟姉妹の中の7番目である。この14人の兄弟姉妹のうち「ビジネスに関心があるのは私だけ」だという。他は公務員として政府関係などに勤務している。ブミプトラ政策のもと，マレー系が政府機関で優遇されて

おり，マレー系の公務員志向が非常に強いことは，面接調査の中でしばしば語られたことであるが，この傾向は，筆者の「価値観調査」の統計データにも鮮明に現れている（第6章参照）。

このことは反面，マレー系のビジネスマインドの低さ，安定性志向を表している。それは，マレー系の間でのビジネス文化の希薄さとその継承を意味しており，ビジネスへの「発意」という初期段階での大きな制約要因となっている。この「発意」なしには，低利の貸し付けや諸免許の優先的付与など，政府がマレー系に対して用意している「リソース化可能要素」も，リソース化されることなしに終わる。得られた諸免許を，中国系やインド系に貸し付けたり売り渡したりするマレー系の行為は，このことを鮮明に物語っている。マレー系の間にビジネス活動を活発化させたいとする政府の意図を，ブミプトラ政策そのものが裏切っているという皮肉な結果となっている（公務員志向の強さとビジネスへの発意の弱さ）。

さて，11年の教育（17歳）を受けた後に，彼はクアラルンプールの放送局でフィルムエディタとしての仕事を見つけた。彼はそこで7年間働き，その間に夜間の大学を終えた。その後彼は妻の故郷に戻り，21歳で（早期の発意），妻と一緒に警備会社（Moza Seculity）を設立する。先の伍氏や翁氏の場合，起業を目指して次々に経験を積み（リソースの蓄積）。それを起業経営行動に生かしているのとは異なり，起業行動が過去の経験と密接につながっておらず，起業を意図した計画的なリソースの蓄積とは，異なる様相を示している。もちろん，これだけでエスニック集団の行動の特徴を云々することはできないが，「人の下で働く」ことを好まず，常に起業の機会をねらっているとされる中国系が，この「リソースの蓄積」においてより意図的，計画的であることは，きわめてあり得ることであろう。

さてこのモルタール氏は，かなりのアイディアマンで，経営者としての才能もなかなかのものである。彼の設立したこの会社は，その後順調に発展し，現在この会社は，400人の警備員を抱えるに至っている（リソースとしての構想力・組織力）。

10年前，土地のゴルフクラブで，シャープーロクシー（Sharp-Roxy）

第4節 マレー系企業の事例 77

ペナン会社の社長である日本人A氏と知合った。ある日彼は，モルタール氏を呼んで，「おまえに仕事をやろう」と持ちかけ，彼にシャープのために部品を組み立てる仕事を与えた。A氏は，彼に経営者としての資質を見たのであろう。畑違いの仕事を彼に提供した（機会の賦与による発意の例）。マレー系の適任者がきわめて乏しいことを示唆している。このため，彼は年4％の政府産業開発ローンを得て（一般の銀行ローンはおよそ11％である。こうした低利の貸し付けは，マレー系のみが利用できるエスニック型のリソースと考えられる），1990年に，この会社を設立した（これは政治的環境操作の1つの結果と考えられる）。そして警備会社の管理は妻に任せた。

始め彼は，シャープのためにだけ仕事をしていたが，2年後の1997年，他の会社のために仕事をしてもいいとA氏に言われ，その後ソニーとの契約が成立した（発展と自立化への動き）。

技術的問題についても初めは，シャープがそのすべてを解決していたが，最近彼の会社で4人のエンジニアを雇い入れ，技術的な問題も自ら解決するようになった（賦与リソースから自前のリソースに転換）。4人のエンジニアのうちには，2人の中国系がいる。

理数系に強いといわれる中国系の多くは，将来の自立のために知識・経験・ノウハウの獲得を目指している。このような中国系の姿勢について「どう思うか」という質問に対して，中国系の翁氏は，「こういう傾向の強い人は，意欲も高く有能な人が多いので喜んで採用する」と答えている。この点についてのモルタール氏の意見は聞き逃した。また中間管理職は株を持っておらず，その年々の利益によってボーナスを得るのみである。興味深いのは，中間管理職に親類縁者は1人もおらず，「家族リソース」が活用できないことである。モルタール氏は，弟妹を援助しその教育に力を入れたが，弟妹も公務員を志望し，かなりの成功を収めている兄の会社を手伝おうとはしていない（ビジネス志向の弱さ）。

ここで興味深いのは，彼は，中国系の経営者がしばしば口にする，高等教育への志向性，知的職業への憧れなどは表明していないことである。公務員への道を広く与えられたマレー系と，その道を厳しく制約された中国系との

差であろうか。高度知的職業は，優秀な中国系にとっての，一種の安全弁となっている可能性がある。

　この会社では，ラインオペレーターのうち20％が常雇いの労働者で，80％は契約労働者である。忙しい季節には470人が必要とされるが，シーズンオフにはおよそ100人で十分であるという。オペレーターはすべて地元の人たちで，マレー人とインド人たちが働きにくるが，「しかし中国系はマレー系の会社には来たがらない」と彼はいう。中国系は技術者の2名のみが，今彼の下で働いている。

　今彼はある危機に直面している。シャープが，今組み立てている製品の生産を停止しようとしているからである。そしてシャープは彼がいくらかの設備投資をするならば，シャープの契約を与えるという。しかし彼は，新しい設備投資が回収できるかどうか確信がもてない。シャープが急速に製品を変化させるからである（環境との不適合）。

　彼は1999年に電話や自動車などのためにプラスチック部品を造る新しい会社を設立した（環境の選択）。この工場のために彼は，中国から中古の装置を買った。彼は優れたアイディアマンで多くの優れたアイディアを持っているが，問題はマレーシアの中で型メーカーを見いだすことができないということである（制約要因に直面）。もし彼が中国で型を作ると，同じ製品がすぐマーケットに送られ，彼がマーケットをコントロールすることができなくなることを恐れている（制約要因克服の困難）。

　彼の場合興味ぶかいのは，シャープの側の厳しい姿勢にも関わらず，A氏を「私のゴッドファーザー」と呼び，慕っていること，優れた経営力と幾多の優れたアイディアを，次々に生み出していることである。

事例　2

　スマイル（Smail）氏は，32歳，豆腐，豆乳の製造販売を行っている。工場は地代のかからない自宅裏に立てられている。backyard factoryである。

　スマイル氏は貧しい家に生まれた。父は船乗りであった。彼は一人息子

第4節　マレー系企業の事例　79

で，4人の姉妹がいる。彼は11年の教育を終えた後，豆腐の行商になった。その後彼は，17歳から21歳まで，英国空軍に入った。除隊後，彼は，豆腐を作る小さな工場を建てた（発意・構想・決断・計画・準備・起業）。その理由は，まず第1に自分が豆腐好きであったこと，第2に，彼は人の下で働くことが嫌いで，ボスになりたかったからである（価値＝マレー系には珍しい中国系的志向）。そして第3の理由は，近年マレー系に豆腐や豆乳を好む人々が増えているにも関わらず，彼らは，宗教的な理由からそれを中国系から買うことを喜ばないこと，このためムスリム信者として，彼の工場は，大きなマーケットを自分のものにすることができると考えたからである（企業機会の認知）。これは優れた着眼による機会の認識が同胞の宗教意識のリソース化につながった例で，スマイル氏の優れたリソース発見能力・リソース活用能力を示している。

　この第3の理由は，大変面白い。ムスリムのマレー系が，人口のマジョリティーを占めるマレーシアで，豚肉やラードなどに対する宗教的な禁忌から，他のエスニック集団による食品加工を信用しないという状況は，ビジネスを必ずしも得意としないマレー系のビジネスマンたちに，大きなチャンスを与える可能性があるからである。しかし，それは「リソース化可能要素」であり，そこに機会を認知した者のみが，それをリソースとして活用できる。

　最初彼の工場では，伝統的な製造法を使っていたが，5年前に彼は70,000 RMを投下して新しい設備に変えた。この投資はわずか1年で回収された（資産リソースの蓄積）。今8人の労働者がここで働いている。夜間勤務3名，昼間勤務5名である。豆乳と豆腐の製造は，午前4時30分に終え，製品は午前6時ごろにマーケットに送り込む。原料の豆は，米国から商社を通じて，1日200KGの割で輸入している。

　今彼は，新しい清潔な場所に移転して，工場を拡張したいと考えている。この仕事は非常に疲れるし，しかも，現在のところ職場環境が必ずしも良くないので，長期間熟練労働者を引き留めることが難しいという問題があるからである。これに投下する資金には問題はない（十分なリソースの蓄積）。

　彼は今6人の子供，息子2人と娘4人を持っているが，10人ほしいと

思っている。そしてそのうちの誰かが，将来彼の仕事を手伝ってくれることを望んでいる。そして，小さくてもいいが解雇される心配のない自分のビジネスを皆が持つことを願っているという。彼の場合にも，高等教育・高度な知的職業への希望は，表明されていない。

中国系に強く現れ，彼らの起業行動を大きく支えている，「人の下で働くことが嫌いで，ボスになりたかった」とする彼のような気持ちが，マレー系の人たちの間に広がって行くならば，マレー系のビジネスへの進出を支える要因（価値観）となるのではないかと考えられる。

事例 3

モルタール（H. J. Mokhtar）氏は，面接時（2000年）44歳。プテラ大学の農学部を卒業後，連合マレーシア金融協会（the UMBC : United Malaysian Banking Cooperation）で働き，11年間農村地域金融事務所（the rural credit office）に勤めた。彼の主な仕事は，食品加工など，農産加工発展計画を指導することであった。銀行のこの仕事を辞めた後，訓練コンサルタント会社（training consultant company）で働いた。この時の彼の仕事は，退役軍人や大学卒業者，ビジネスでの失敗者などが，新たにビジネスを始めるための訓練をすることであった（経験の蓄積）。

この時期，バティック（BATIK マレー風捺染。主に絹の生地に見事なデザインが描かれる）がいい商売であることがわかった（企業機会の認知）。ツーリストたちが，バティックを買いに来るからである。マレー半島の東海岸には，マレー系の人々による規模の小さなバティック業者が多数存在したが，しかし，この西海岸地域には，そうしたメーカーはなかった。そこで彼は，バティックの製造販売を始めた。今，西海岸では，彼が唯一のバティックメーカーである。

今彼は3人のデザイナーとおよそ50人の労働者を雇っている。彼は中国から絹を輸入し，そしてマレーシアのスタイルでデザインし染め上げる。3人のデザイナーは給料ベースで雇用されており，労働者たちは出来高制で支払われている。マーケットは，海外，国内の双方である。今利益はおよそ

15-20%であるという。

　彼には，4人の娘と1人の息子がいる。そして娘の1人がバティックが大好きで，彼のビジネスに興味を持っており，後を継いでもよいといっているので，まだ幼少であるが，少しづつ仕事に関わらせるようにしているという。

　彼の夢は，現在5%程度である海外への販売を，30%程度にまで拡大することである（慎ましやかな夢）。彼は健康に優れないので，50歳前に引退したいと思っている。そしてもし彼の健康が許すなら，彼は後を継いだ娘を助けたいと思っている。

　以上マレー系の経営者の場合，ビジネスがかなりうまく行っている場合でも，あからさまな野心は示されていない。3事例ともその夢は慎み深く野心的ではないように思われる。

　彼は，イスラム教の聖職者イマームの家に生まれ，3人の兄弟は，すべてイマームになっている。いわば名家の出身で大学の卒業者であるが，彼は戒律の厳しい生活を嫌い，上に述べたような生活を送ってきた。しかし，子女に対する期待は，跡継ぎと目される少女についての外は，一切表明されていない。

第5節　インド系企業の事例

事例　1

　マヘスワラン（E. Maheswaran）氏は，ハーブ飲料製造業の経営者である。氏の経営する会社には3つの子会社があり，それぞれ独立に管理されている。販売のためのRohini，購入のためのInbas，製造のためのElparである。

　主な製品は化粧品（香水，シャンプー），薬，ハーブカクテルなどである。2つの工場があり，ペナン工場は，マレーシアのマーケット向けの製品を，もう一つのマドラス工場は，インドおよびサウジアラビアのマーケットに向

けて製品を製造している。

　会社はハーブを育てる自前の小さなプランテーションを持っているが，その生産量は小さいので，材料である乾燥ハーブは，インド・中国・タイから輸入されている。ペナンの工場は14年前に建てられ，従業員の多くは10年以上ここで働いている。ペナン工場のマネージャー，ペリマル（G. Perimal）氏は6年以上ここで働いている。この工場にはおよそ40人の労働者がいるが，その70%がインド系，30%がマレー系，3人の管理職のうち2人がインド系，1人がマレー系である。

　マヘスワラン氏の父親は小売店主で，母親は労働者であった。祖父の代にマレーシアに来た。父親は愛国者で社会活動を非常に活発に行っていた。第二次世界大戦の間，彼は英国からの独立を勝ち取るために，インド国民軍に参加した。マレーシアに戻った後，彼は，イギリス人の暴力から地元の人々を守る地域防衛団に参加した。そして1947年のマレーシアの独立後，マレーシア国籍をとった。1956年，全国土地金融協同組合すなわち，農民たちが，英国人所有者たちから土地を買い取るための資金を貸す組織に参加した。

　父は，7人の子供，すなわち，息子3人と娘を4人持っていた。彼は，長男で，11年の教育を，イングリッシュスクールで受けた。その後，メディカルスクールで学ぶために，インドに行った。ちょうどその時，ボランティア活動にのめり込み，十分に店の面倒を見なかった父が破産した。

　やむなく商学部に転部した彼は，商学士の称号を得て大学を卒業した。在学中彼は，自分で生活費を稼がなければならなかったので，他の3人の学生と一緒にビジネスを始めた。大学の中に，小さな食堂を借り，マレーシアの学生たちのためにマレー食を提供したのである（生活の必要が「発意」を促した。）

　また，輸入・輸出・旅行などのビジネスを始めた（構想→決断→計画→準備→起業）。これらのビジネスは繁盛し，それらがまた，ビジネス経験として，商学を学ぶ彼の学業を助けてくれた。

　卒業後帰国した彼は，全国土地金融共同組合に経理係りとして雇われた。

後，彼はこの組合で，住宅・教育のための低金利貸付プロジェクトの総支配人になった。

1981年の初め，彼は，この全国土地金融共同組合の仕事を辞め，妻とともに ayurvedic（インド伝統医術）を学ぶために，インドに行った（コアリソースの蓄積）。初め，彼は，通信コースを通して ayurvedic を学ぶと同時に，6カ月間のボランティア活動を行った。1983年の年央に，彼は ayurvedic のコースを終え，薬学博士の称号を得た。それから彼はマレーシアに戻って，ayurvedic のクリニックを始めた。同時に彼は自然飲料を作って，自転車で売り歩く小さな商売を始めた。そして1985年に彼はこの会社を設立した（起業）。

彼は，旅行，奨学金，パーティーなどのような，従業員のための行事に，利益の30％を割いている。彼は彼の会社を大きな家族で，すべての従業員は家族の一員であると思っている。もし家族が困難に遭遇しているなら，彼はそれを克服するのを手伝う。従業員はすべて地元の労働者であるが，彼は労働不足を心配していない（外国人労働者は，最初の雇い主を変えることができないため，労働力確保のために，意図的に外国人を雇う経営者もいることに注意）。この会社では，従業員の定着はきわめてよく，40人の従業員のうち，25人が10年以上ここで働いている。これは，中国系と異なるインド系労働者の一面をよく表している。

彼は5人の娘と教育を支援する6人の養子を持っている。また彼は，ラオスでマネージメント学校を設立した。そこでは100人の昼間学生と100人の夜間学生を教育している。彼は2人の教師をそこに派遣し，学校のコストの50％を支払う。他の50％は授業料でまかなわれる。彼は貧しい若い人々に夢を実現する機会を与えたいと思っている。

彼は自分の信念として，人間性，高潔さ，経済問題の精神的な解決を重視し，地球は1つの国であり，人類はその市民であると考えている。最大の名誉は，他人のために尽くすこと，恥ずかしいことは，約束を守らないことであるという。そこには，マレーシアからはるばるインド国民軍に参加し，帰国後も社会活動に尽くした父親の理想主義が反映しているのかも知れない。

飲料には，薬草を使い，決して化学添加物を使わないという彼の断固たる方針も，こうした理想主義の結果なのであろう。ビジネス至上主義とは，厳格に一線を画しており，理想をビジネスの中に生かそうとする志向が強く見られる。

彼の夢は，ayurvedic について教育する大学を設立することである。そこでは1年間基本的な教育を行い，2年間特別な訓練を行う。個人的にも，ハーブについての研究を促進することに興味を持っている。

事例 2

ルドゥル（Uthira Rudru）氏はインド系の3世で48歳。英国の植民地時代，彼の祖父がマレーシアのプランテーションに来た。彼の親は7人の子持ちであった。彼はその長男である。彼は11年間の教育を受け，そして，会社で経理係（会計，経理）として働いた。彼には息子4人と娘1人がいる。

ルドゥル氏は，MORGEN US.TRANS でエンジニアとして長年働いた弟が，1995年に，自分の会社を設立したとき，トップマネージャーとして弟を助け，弟の薦めで，MORGEN US.TRANS との技術的なつながりを持つエンジニアリング会社を設立した。いわば，弟の会社で経験を積み，弟の薦めで創業したわけである（発意）。この会社の製品は金型で，今10人が働いており，3人が技能工，7人は熟練工である。彼らは全員インドから来た外国人労働者である。

その理由は，
① 地元では熟練工を長期間雇うことが困難であること，
② 外国人労働者を雇うコストは地元の労働者を雇うより10％ほど安いこと，
③ インドでは，熟練工や技能工が，マレーシアより遥かに豊かであることにある。

現在，彼の製品は，青写真で顧客から注文を受けている。顧客は最初弟から紹介されたが，弟がかつて働いた MORGEN US.TRANS へ売り込むことはできなかった。今彼は大きく多国籍企業（TNCs）に依存している。もし彼ら多国籍企業がマレーシアから去るなら，彼のビジネスは危機に見舞

われる。そこで彼は自分自身の製品を持ち，長期の顧客を持つことを望んでいる。もし可能であるならばインドに投資したいと思っている。これが彼の夢の一つである。

　夢の2つ目は，彼の息子がエンジニアリングを学ぶことである。

　夢の3つ目は，もし彼が十分な金を持っているなら，彼は商業取引をすることを望んでいる。もし彼がさらに多くの金と時間を持っているなら，彼はもっと宗教について学び，そして家族と一緒にもっと多くの時間を過ごすことを望んでいる（慎ましやかな夢）。このあたり，中国系とは，野心，理想とも，かなり異なっているように思われる。

　ルドゥル氏によるコメントの中に，次のような興味ぶかい指摘があった。すなわち，ヨーロッパ人 や インドは，楽しみを第一にして，結果を待つが，中国人は，目的の達成を第一とし，次に楽しむというのである。今回の調査において興味深く感じられたのは，インド系の経営者の口からは，インド系，マレー系を含め，特に中国系に対する鋭い観察・コメントがなされているのに対して，中国系からは，中国系の学校教育などについてのコメントは得られたが，他の エスニック集団へのコメントは聞かれなかったことである。そしてマレー系の経営者の口からも，エスニック集団の特徴に関するコメントはいっさい聞かれなかった。インド系が抽象思考や一般化を得意とするという印象を得ているが，これは，次のスンダラーム氏の場合にも大いに当てはまる。

事例　3

　インタビューの相手は，社長のスンダラーム（K. Sundaraam）氏46歳。インド系の2世で乳製品の製造工場を経営している。名門マレーシア科学大学の出身で，知的で鋭い観察者である。インド系を含む各エスニック系についての彼の観察は鋭い。

　スンダラーム氏の父親は，南インドの出身で，インドでは農民であった。彼はプランテーションの労働者としてではなく，貿易商人としてマレーシアに来て，スパイスなどの取引に携わった（カースト文化の克服）。

スンダラーム氏は15歳から父の仕事の手伝いを始めた（経験の蓄積）。1975年にマレーシア科学大学（USM）に入学，1978年にUSMを卒業（教育リソースの蓄積），銀行の奨学金をもらったため，義務として卒業後5年間銀行に勤務した。この義務が彼に幅広い経験を与え，義務の「リソース」への転換を可能にした。

1983年父親が引退，その後継者として経営者になった（「リソース」の引き継ぎ）。最初の5年間，1983年〜1988年の間は，基本的に父親の行っていた貿易の維持と発展に努めた。1983年の売り上げは0.4millionMRであったが，1988年には4百万MRに増大している。彼は，父親からリソースの多くを引き継いだが，同時に，経営の才という大きなリソースをも，父親から与えられていた。起業の発展と資金リソースの蓄積，経営の才によって，1988年には，製造業に進出した。所用資金の25％の自己資金（かなりのリソース）と，75％の銀行ローンで，工業団地（Pinang Development Company）に製造工場を設立した。土地は政府から60年の契約でリースしている（企業の発展）。

商業銀行の利率は，14-15%/年で，ビル購入費の75％を商業銀行からの借り入れで賄い，機械類はfinance companyからの借り入れだが，この場合も，利率はほぼ同様で14-15％である（4-5％の利率で政府資金を借りられるマレー系と同じ産業で競争する場合には，この差が大きな負担となる）。

主な製品は粉ミルクとghee（インドの食品で，一種のsoft butter）。原材料をニュージーランドから輸入して加工している。現在の生産量はpowder 300,000kg/月で，マレーシア市場で25％のシェアを確保している。また，gheeは50,000kg/月で，マレーシアで40％，シンガポールで25％のシェアを持っている。

市場は広がりつつあり，ビジネスは順調に伸びている。食品ビジネスは最近では安全なビジネスで，製造高は，1988年4百万MR（マレーシアリンギット）であったものが，現在は22百万MRに増大している。

彼は会社の株式の100％を掌握している。現在22人の労働者を雇用している。このうちの11人は地元の労働者で他の11人は労働ビザでインドから

働きに来たものたちである。地元の労働者のうち2人がマレー系，7人がインド系，2人が中国系である。彼らとは1カ月の予告で，解雇または退職する取り決めになっている。

トップマネージャーは スンダラーム 氏と彼の妻である。4人の中間管理職がいるが，そのうち2人は妻の弟，従兄弟で，2人が専門経営者として友人に紹介されたインド人である。

宗教上の信条によって，彼は父親が，天国で彼を成功に導いてくれるだろうと信じているので，重要な意思決定をする前には，父親への祈りを捧げる。この時，父からのメッセージを感じる。

父は農民の出身で，元々ビジネスマインドにはなじんでいなかったが，マレーシアにやってきて，生き残るために価値観を変えた。このため彼は，父が自分を金銭に対してなじみ易くしてくれたと感謝しているという。

このような文化的制約の突破は，商工カースト出身でないインド系にとっては，きわめて重要な意味を持っている。もともとインドの商工階級とは異なる価値観を持った農民出身者が抱える価値観上の問題すなわちインドにおけるカーストと文化の問題，価値観の転換の問題は，ビジネスを強力に制約する文化の規制力を示唆している。こうした文化の規制力は，「発意」の段階ですでに起業経営行動を制約している。エスニック集団の価値観だけでなく，カーストの価値観の問題がそこに顔を覗かせている。

スンダラーム氏は，物事を深く考え鋭く分析するタイプの人物で，彼のコメントは非常に面白く裨益されるところが大きかった。われわれの研究テーマとの関連では，次の諸コメントが特に示唆的である。すなわち，

1) インドの人々は強いネットワークを持っていない。そして友人の友人というだけでは，簡単に信用を得ることができない。友人の間での助け合いもない。合理的かつ自立的である（リソースとしてのネットワークの欠如）。

これに対して，中国事例5の寥氏が指摘するように，中国系の人々は，強いネットワークを持っている（エスニックリソース）。スンダラーム氏も，ビジネスの関係で中国系の友人たちを多く持っているが，中国人のネット

ワークでは友人の友人は友人という関係が機能している。「この点，筆者の年来の見解，すなわち，中国の社会関係をＡ－Ｂ－Ｃの３者関係（友人のためには，別の友人をも動員してその必要を満たそうとする緊密な友人関係。この関係は時にＡ－Ｂ－Ｃ関係を越えて，Ａ－Ｂ－Ｃ－Ｄ－Ｅとつながって行く）としてとらえる考え方と一致する。中国系の人々が，中国大陸をも含めて長年維持してきた，この根強い価値観に基づく社会関係そのものがすでにネットワークの性格を備えており，これはエスニック性の強い「リソース化可能要素」であると考えられる。

2）　中国人のマネージャーはしばしば労働者を訓練する。しかし，インド人はそれほど訓練を行わない。我々は，全く同様の証言を中国系の経営者伍氏（中国系事例１）からも得ている。

3）　もし中国人が１人だけでビジネスをすることができるなら，彼は決してほかの誰かの下では働かず，独立するであろう。これに対して，たいていのインド人は，ビジネスノウハウをマスターしたとしても，独立はしないだろう。

4）　人に雇われた場合，インド人はそこに止まり20年働く。これに対して中国人は，すべてを学んで独立しようとする（そこには「鶏口となるとも牛後となるなかれ」「力を労する者は人に使われ，心を労する者は人を使う」という中国の格言が表明する自立への価値観が鮮明に現れている）。

以上のスンダラーム氏の観察は，これまでの筆者の観察（面接調査を含めて）に照らしてほぼ正確であると考えられる。

第６節　小括

以上，事例の数は多くはないが，それぞれに，エスニック集団の特徴や，僅かではあるがその間の融合の傾向も見られて，大変興味深い。特にいくつかの興味ぶかい論点を整理すると，

1）　マレーシアでは，宗教観のあり方が，ビジネスのあり方につよく反映しているように思われること，すなわち，神を崇め，あるいは静かな宗教的

生活を送ることを人生の目的とする人々にとっては，ビジネスは手段的な性格を帯びがちである。これに対して，現世利益を求める宗教の場合，ビジネスが自己目的化したり，「終生ビジネス志向」を生み出したりする。

2) 家族・友人の間の協力・援助の関係においても，エスニック集団の間にかなりの違いが見られる。

3) また，筆者がこれまで指摘してきた，中国人の間の特徴的な協力関係，すなわち，友人のためには別の友人をも動かして援助する，筆者の言うところのA－B－C関係が，マレーシアの中国系の間にも強く見られること（スンダラーム氏のコメントに注意）は，大変に興味ぶかい。この傾向は，市場による調整を欠く社会主義経済において，その不足を補う上で重要な機能を果たしてきたし，市場経済化した今日の中国では，この傾向は，日常生活のレベルでは弱まりつつあるとはいえ，ビジネスの関係にあっては，今日もなお顕著に見られる。またこの傾向がマレーシアの中国系の間にも見られるということは，この傾向が，中国人の伝統的な志向性と深く関わっており，単に市場を欠く社会主義計画経済の不便さが生み出したものではないことを示唆している。

4) スンダラーム氏や伍氏の発言に見られるように，エスニック集団によってネットワークのあり方が，大きく異なっていること，そのあり方が，ビジネスを成功させる上で，重要な役割を果たしているらしいこと，スンダラーム氏の発言にも見られるように，マレーシアのような多民族国家にあっては，華人の友人を作ることによって，他のエスニック系の人々も，ある程度このネットワークを取り込むことが可能なこと，

5) 中国系に強いといわれる，「人の下で，働きたくない」という志向性は，スマイル氏の場合のように，当然，他のエスニック系にも見られる。そしてこの気質が，起業行動に大きく関わっているであろうことは，容易に想像がつく。マレー系にとって，将来こうした気骨を育成することが，ブミプトラ政策が成果を残すためにも重要であると考えられる。

6) また，個人の性格やエスニック文化だけでなく，華語学校のような，初・中等教育が，この問題と深く関わっているということは，45,000人とい

う多数の他のエスニック系の子弟が，今日華語学校に入学するという現実にも現われており，大変興味深い[3]。企業機会の発見と，リスクを冒してもこの企業機会を実現しようとする敢闘精神こそが，起業行動を大きく支えると考えられるからである。

　7)　長期の計画をもち，みずからを再教育し，時間をかけて粘り強くこの計画を実現しようとする志向は，事例のみに関していえば，中国系に強く現れているように思われる。このような計画性は，起業行動および企業の発展に，大きく関わっているものと思われる。

　8)　投資活動や，従業員の採用，友人関係の形成などに，僅かながらエスニック集団間に融合の兆しがみられる。伍氏の発言にみられるように，ビジネスの関係においては，エスニック系の違いは，あまり問題にならなくなりつつあるということもできよう。しかし，その背後では，中国系の間にみられるアドバイスや援助など濃密な友人関係，家族の助け合い，「終生ビジネス志向」などそれぞれのエスニック文化を背負いながらの活動が展開されている。

　以上，マレーシアにおけるビジネスの実態は，実にさまざまの興味深い問題をわれわれに提示してくれている。以下より広範な本調査によって，これらの問題を解明してゆきたいと思っている。

注
1)　岩田龍子・沈奇志『国際比較の視点で見た　現代中国の経営風土：改革・解放の意味を探る』文眞堂，1997，22-28 頁。
2)　すぐれた将軍であったとされる三国志の英雄関羽が，商売の神様，ないし富の神様になってしまったいきさつは，今日一般の中国人にとっても明らかではない。しかし，章玉均氏（2002 年訪問当時四川省政治協商会議　副主席）との，会食・対談のなかでこの質問を発したところ，「それは，信義と誠実を重んじた関羽を崇めることによって，ビジネスマンとしての自分も信義と誠実を重んずることを表明しようとしたもの」という解釈が披露された。誠に説得的な解釈である。しかし，今日，このような意味はすでに失われ，現世利益的な信仰に変質してしまったものと考えられる。成都（往年の蜀の都）にある「武候祠」でも，関羽を「富の神様」と表現している。
3)　杉村美紀，『マレーシアの教育政策とマイノリティ：国民統合のなかの華人学校』東京大学出版会，2000，135 頁。

第4章
マレーシアにおける起業行動の分析

　この章では，経済活動の実態を，企業経営行動における重要な諸段階の一つである起業行動について見る。

第1節　起業行動検討の意味

　起業行動の活力は，経済の繁栄を大きく左右する。起業行動が活発であれば，将来の経済活動が拡大する可能性が大きいし，起業行動が停滞していれば，様々な優遇措置にも関わらず，その経済活動の拡大は望みにくい。
　そこでまずこの節では，各エスニック集団の起業行動について，その特徴を明らかにしたい。
　①　まず各エスニック集団の起業行動のあり方にどのような違いが見られるか，
　②　「ブミプトラ政策」という特異な政治・経済環境のもとで，各エスニック集団の起業行動がどのようにその活力を維持しているのか，
　③　また，この起業行動に見られる違いは，エスニック系企業の将来にどのような問題を示唆しているのかについて検討し，マレーシアにおける各エスニック系企業の現状と将来について検討したいと思っている。

第2節　起業行動の構造分析

　起業行動の構造が以下のように分析可能であることは，第2章で指摘した。
　　　　企業機会の認知→発意→構想→決断→計画→準備→起業　　　　である。

状況によって，そのいくつかの段階が相前後することもあり得る。別の稿で詳しく検討したように，企業機会の認知，発意，構想は，いわばループを構成する関係にあり，どこが基点になるかは，ケース・バイ・ケースであるということができる[1]。しかし，個々の項目について検討する場合には，何らかの形でループを展開して検討しなければならない。そして標準的な形としては，以上のような発展過程をたどって，起業行動が進行してゆくものと見ることが可能である。

さてこの諸段階は，さらに，〔起業〕→制約要因の認知→制約要因の克服→発展→〔環境との不適合の発生とその克服→発展の進行〕→〔この過程の繰り返し〕→目標の達成（満足水準への到達）・夢の実現 の過程へと続いている。

筆者は，起業に至る過程を「起業行動」，起業から目標の達成・夢の実現に向かう過程を「企業経営行動」として区別し，この両者を併せて，広義の企業経営行動と考えている。「起業行動」は，いわば，イメージの中での企画主体の活動であり，基本的には，実在環境に対して働きかけることはないし，活動に対する実在環境からの応答を取り入れて，自らの環境像を修正するなどの行動はとられない。これに対して「企業経営行動」（狭義）は，行動主体の行動であり，実在環境に働きかけ，その応答に反応して行動を修正する過程である。したがって，「企業経営行動」についての検討は第5章に譲り，この章では，企業機会の認知から起業に至る過程を中心に，マレーシアにおける各エスニック集団の「起業行動」について検討する。

第3節　調査対象と調査方法

経営者アンケート調査

実施理由　面接調査では，数多くの興味深い知見を得たが，その重要なポイントについて，大量観察によりその実態を検討するためにアンケート調査を行った[2]。

調査プロジェクト・マネージャー　陳立行

質問項目作成　陳立行を代表とする研究グループ

調査期間　2001年12月～2002年3月

調査責任者　陳立行

研究協力者　Intan Osman （当時マレーシア科学大学　School of Management 准教授）

サンプル　労働部提供の中小企業のリストから，ランダムに中小企業500社を選び，応諾を得た151社（30.2%）に対して面接し，調査質問票に基づいて聞き取りを行った。

サンプル数　小計　151ケース，
　　　　　　内マレー系98ケース，中国系17ケース，インド系36ケース。

経営者追加アンケート調査（中国系経営者中心の追加調査）

実施理由　マレー系の調査者に対しては，中国系が警戒して，回答を拒否されることが多かった。第1次経営者調査では，マレー系98ケースに対して，中国系はわずか17ケースに過ぎなかった。そこで第2次調査では，中国系の調査者を通じて，労働部提供のリストから300社をランダムに選んで，主として中国系に対して調査を行うことになった。

調査プロジェクト・マネジャー　岩田奇志

調査期間　2002年7月～2002年9月

調査協力者　Quah Chun Hoo （当時マレーシア科学大学　School of Management 高級講師）

サンプル　第一次経営者調査と同様の方法により，中国系を中心に補充調査を行った。中小企業300社をランダムに選び，面接応諾を得た企業119社に対して，同じ質問票に基づき，アンケート調査を行った。その回収率は39.7%。

サンプル数　小計　119ケース，内中国系103ケース，マレー系15ケース，インド系1ケース，以上の2つの調査で得られたケースの合計，中国系120，マレー系113，インド系37，総計270ケース。

表4-1　調査地域

		民族			合計
		マレー系	中国系	インド系	
Perlis	度数	8			8
	%	7.1%			3.0%
Johor	度数	1	4		5
	%	.9%	3.3%		1.9%
Kedah	度数	4	6		10
	%	3.5%	5.0%		3.7%
Kelantan	度数	61	10		71
	%	54.0%	8.3%		26.3%
Selangor	度数	1	10	14	25
	%	.9%	8.3%	37.8%	9.3%
Malacca	度数		2		2
	%		1.7%		.7%
Penang	度数	26	65	23	114
	%	23.0%	54.2%	62.2%	42.2%
Perak	度数	12	10		22
	%	10.6%	8.3%		8.1%
Sarawak	度数		13		13
	%		10.8%		4.8%
合計	度数	113	120	37	270
	%	100.0%	100.0%	100.0%	100.0%

第4節　起業行動の諸段階と調査項目

　この節では，各エスニック集団の起業行動に見られる特徴を明らかにするために，筆者の行った一連の調査（後に説明する価値観調査を含む）をもとに，各段階における活動の比較を行う。各段階における筆者の調査との対応関係は次のようになる。

［企業機会の認知］
　　↓
［発意］　①父親の職業　②子供の将来に期待する職業
　↓　　　③家族・友人に多い職業　④本人の学歴
　　　　　⑤出身中学校　⑥起業に興味を持った年齢
［構想］　①進出業種，②資金規模

↓
［決断］　①創業前の職業　②現在の経営に携わるようになった原因
　　　↓
［計画］　①創業時の困難
　　　↓
［準備］　①資金源　②コアー技術
　　　↓
［起業］

1　各段階における起業行動の実態

［企業機会の認知］

　長年自給自足的な農村生活を維持して来たマレー系，ゴム園で政府・所有者の保護のもとに長年勤勉に働いてきたインド系に対して，「徒手空拳」，あらゆる企業機会をつかみ，様々な職業を経験しつつ経済的地位を築き上げていった中国系の間では，「企業機会の認知」に対する姿勢が大きく異なっていたのは当然である。その上，中国的な「出稼ぎ」が，「故郷に錦を飾る」という言葉が雄弁に物語っているように，「致富」を大きな目標としていた。
　このような中国系の姿勢は，経済的な成功によって生活水準が向上した後も，家庭文化・あるいはエスニック集団に充満する雰囲気によって，すこしずつ変化しながらも，親から子へ，前の世代から次の世代へと受継がれていくという，残存効果を伴っている。例えば，苦しい生活の中で親が得た倹約の習慣を子が生活の中で無意識に学ぶように，ビジネスチャンスへの姿勢も，吸収されていくことが考えられる。多くの中国系の家庭では，祖先や祖父・父親が，マレーシアにやってきて，ゴミ拾いなど如何に悲惨な生活の中で，最大限の努力をしてすこしずつ成功を築いていったかを，子供たちに常々聞かせるという。このように，多くの家庭がその祖先について語ることによって，企業機会への鋭敏な感覚の大切さや，努力の重要さを，エスニック集団として集合的に引き継ぐ結果となっている。
　こうした傾向は，今日でも，中国系が少しでも有利な機会を見つけると

次々に職業を変えるといった行動形態として受け継がれ，その経済的成功に大きく貢献してきた。

そこには，農村で自給自足的な生活に満足してきたマレー系や，ゴム農園で生涯勤勉に働いてきたインド系とは，大きく異なる姿勢が受け次がれていると考えられる。以上数量的なデータでの確認は困難であるが，問題を検討する前置きとして，明らかにしておく。

［発意］

次に，どのような環境条件の下で起業行動への「発意」が起こってくるか，「発意」はどのように人々に拡散する可能性を秘めているかについて見る。

1) 父親の職業

まず，父親の職業についてみると，マレー系，中国系ともに，自営業（ビジネスマン）の家庭に育ったものが多く，それぞれ65.7%，60.5%を占めて

表4-2 父親の職業

		民族			合計
		マレー系	中国系	インド系	
現場労働者	度数	5	18	17	40
	%	4.4%	15.0%	45.9%	14.8%
引退	度数	8	15	1	24
	%	7.1%	12.5%	2.7%	8.9%
教師	度数	3		3	6
	%	2.7%		8.1%	2.2%
自営業	度数	65	72	9	146
	%	57.5%	60.0%	24.3%	54.1%
軍務	度数	3			3
	%	2.7%			1.1%
技術工	度数	1		2	3
	%	.9%		5.4%	1.1%
無職	度数	1			1
	%	.9%			.4%
その他	度数	27	15	5	47
	%	23.9%	12.5%	13.5%	17.4%
合計	度数	113	120	37	270
	%	100.0%	100.0%	100.0%	100.0%

いる。この数字は，［発意］に対する家庭環境の影響の大きさを示唆している。インド系の場合，現場労働者の家庭が 45.9％ と多く，自営業者は 24.3％ に止まっている。このことは，インド系の場合，プランテーションでの労働から自営業への移行が始まってなお日浅く，自営業を営む父親が少ないこと，現場労働者の比率が高く，その僅かの移行も，経営者の中での比率としてみるとかなり高くなることを示唆している。この傾向は，インド系企業の歴史がなお浅いこと，経済界においてそれが示すウエイトの低さと照応する。このことはまた，一部非商工階級の人々が，カーストの価値観の障壁を乗り越えて，ビジネスに進出している姿を示している。

もう一つ興味深いのは，マレー系に母親の影響が強いことである。母親の職業が自営業である経営者の比率は，マレー系 15.9％，中国系 5.0％，インド系 5.4％ となっている。

2) 子供の将来に期待する職業

次に，母親が子供に望む職業は，マレー系，ついでインド系で公務員が多く，それぞれ 43.7％，34.0％ である。これに対して，中国系は公務員希望が 14.7％，と少ない。公務員の採用でマレー系を優遇するブミプトラ政策の影響は大きいと思われるが，そこには，マレー系，中国系の価値観も重要な働きをしていると考えられる。政策による「選択肢の限定」だけではなく，そこには，自分がなりたいとする「目標誘因効果」も大きく働いているとみることができよう。政策的優遇を与えられていないにもかかわらず公務員志望がかなり高いインド系の場合，その価値観を抜きには説明できない。公務員における扱いは，中国系とほぼ同一であるからである。この点，ビジネスへの志向性の違いが影響しているように思われる。

自営業を望むものは，中国系 28.1％ に対して，マレー系，インド系は，8.2％，9.0％ と低く，そこに，職業に対する各エスニック集団の価値観の違いが見られる。これはいわば，「目標誘因効果」に「選択肢限定効果」が加わってもたらされた帰結といってよい。これに対して，医師および技術者への評価は，各エスニック集団ともそろって高く，医師 10％強，技術者 10％

表4-3 子供の職業への希望

			民族			合計
			マレー系	中国系	インド系	
	公務員	度数	166	53	68	287
		%	43.7%	14.7%	34.0%	30.5%
	短大・大学の教師	度数	63	35	30	128
		%	16.6%	9.7%	15.0%	13.6%
	小・中・高校の教師	度数	27	44	21	92
		%	7.1%	12.2%	10.5%	9.8%
	自営業	度数	31	101	18	150
		%	8.2%	28.1%	9.0%	16.0%
	技術者	度数	35	41	19	95
		%	9.2%	11.4%	9.5%	10.1%
	弁護士	度数	7	11	9	27
		%	1.8%	3.1%	4.5%	2.9%
	医師	度数	47	54	22	123
		%	12.4%	15.0%	11.0%	13.1%
	事務労働者	度数		3		3
		%		.8%		.3%
	工場労働者	度数		1	4	5
		%		.3%	2.0%	.5%
	その他	度数	4	17	9	30
		%	.8%	4.7%	4.5%	3.0%
合計		度数	380	360	200	940
		%	100.0%	100.0%	100.0%	100.0%

前後を占めている。

3) 家族・友人に多い職業

次に「家族の中でもっとも多い職業」として公務員と自営業についてみると，非常に興味深い傾向が見られる。家族に多い職業として公務員を挙げたものは，マレー系57.6％（子供に望む比率43.7％），中国系13.3％（同14.7％），インド系26.0％（同34.0％）とマレー系に圧倒的に多い。次に「友人の中でもっとも多い職業」としては，公務員が，マレー系の46.6％，中国系は11.1％，インド系は17.5％となっている。家族の場合も友人の場合も，マレー系は，公務員の比率が高いが，マレー系の場合，母親が子供に公務員を望む比率を現実がかなり上回っている。これに対して，中国系・インド系

表 4-4 家族の中で最も多い職業

			民族			合計
			マレー系	中国系	インド系	
公務員		度数	219	48	52	319
		%	57.6%	13.3%	26.0%	33.9%
短大・大学教師		度数	10	8	13	31
		%	2.6%	2.2%	6.5%	3.3%
小・中・高校教師		度数	39	30	21	90
		%	10.3%	8.3%	10.5%	9.6%
自営業		度数	56	188	41	285
		%	14.7%	52.2%	20.5%	30.3%
小商店主		度数	5	12	4	21
		%	1.3%	3.3%	2.0%	2.2%
技術者		度数	5	4	9	18
		%	1.3%	1.1%	4.5%	1.9%
弁護士		度数	1		2	3
		%	.3%		1.0%	.3%
医師		度数		2	5	7
		%		.6%	2.5%	.7%
事務労働者		度数	3	20	13	36
		%	.8%	5.6%	6.5%	3.8%
工場労働者		度数	13	20	28	61
		%	3.4%	5.6%	14.0%	6.5%
農家		度数	7	3	2	12
		%	1.8%	.8%	1.0%	1.3%
その他		度数	22	25	10	57
		%	5.8%	6.9%	5.0%	6.1%
合計		度数	380	360	200	940
		%	100.0%	100.0%	100.0%	100.0%

とも母親の希望を現実が下回っている。インド系の場合，母親が子供に望む比率よりもかなり少ない。望んでも難かしいということであろうか。

これに対して，自営業は家族についてみるとマレー系 14.7%（子供に望む比率 8.2%），中国系 52.2%（同 28.1%），インド系 20.5%（同 9.0%），と，中国系に圧倒的に多くみられるだけでなく，母親の希望を遙かに超えて自営業に進出している。1 つの目立った特徴は，インド系の家族に工場労働者が多いことで 14.0% に達している（マレー系 4.2%，中国系 7.8%）。このことは，インド系の経営者に現場労働者出身者が多いことと照応している。

表 4-5 友達の中で最も多い職業

			民族			合計
			マレー系	中国系	インド系	
	公務員	度数	177	40	35	252
		%	46.6%	11.1%	17.5%	26.8%
	短大・大学教師	度数	5	5	10	20
		%	1.3%	1.4%	5.0%	2.1%
	小・中・高校教師	度数	51	37	26	114
		%	13.4%	10.3%	13.0%	12.1%
	経営者	度数	44	109	30	183
		%	11.6%	30.3%	15.0%	19.5%
	小商店主	度数	8	19	3	30
		%	2.1%	5.3%	1.5%	3.2%
	技術者	度数	3	2	2	7
		%	.8%	.6%	1.0%	.7%
	弁護士	度数			1	1
		%			.5%	.1%
	医師	度数	3	5	9	17
		%	.8%	1.4%	4.5%	1.8%
	事務労働者	度数	4	20	7	31
		%	1.1%	5.6%	3.5%	3.3%
	工場労働者	度数	16	28	35	79
		%	4.2%	7.8%	17.5%	8.4%
	農家	度数	23	8		31
		%	6.1%	2.2%		3.3%
	その他	度数	46	87	42	175
		%	12.1%	24.2%	21.0%	18.6%
合計		度数	380	360	200	940
		%	100.0%	100.0%	100.0%	100.0%

4) 経営者本人の学歴

　インド系の学歴が高く，中国系は10－12年（日本の高校レベル）に53.3％とかなり集中している。マレー系もほぼ同様であるが，マレー系の場合，学歴のきわめて低い1－6年のものが30％近くを占めている点に特徴がみられる。

　中国系が10－12年に集中しているのは，中国系の高学歴者（多くは英語学校出身）が，医師・弁護士などの知的職業を志望する傾向が強いのに対して，中華語学校出身者の多くが，中等教育を終えた後に企業に勤務し，その

表 4-6　本人の学歴

			民族			合計
			マレー系	中国系	インド系	
1-6 年		度数	32	11	3	46
		%	28.3%	9.2%	8.1%	17.0%
7-9 年		度数	10	13	2	25
		%	8.8%	10.8%	5.4%	9.3%
10-12 年		度数	48	64	15	127
		%	42.5%	53.3%	40.5%	47.0%
13-16 年		度数	18	22	11	51
		%	15.9%	18.3%	29.7%	18.9%
17-21 年		度数	5	10	6	21
		%	4.4%	8.3%	16.2%	7.8%
合計		度数	113	120	37	270
		%	100.0%	100.0%	100.0%	100.0%

うちの一部が，様々の勤務経験を経て自ら起業する傾向と照応している。

マレー系の経営者に低学歴者が多く見られるのは，マレー系の多くが公務員を志望するなかで，他のマレー系と一線を画す形で，自営業の環境に育った少数のものが，周辺の影響のもとに，直接自営業に進出する傾向があることと照応している。

また，インド系の場合，学歴の高い少数の意識分子が経営する企業で，多数のインド系労働者がまじめに20年働くという傾向があり，他方学歴の低いものが小規模自営業に進出するという両極分解の構図と照応している。このことは，次の「出身小学校のタイプ」と併せて考えると興味深い。

5) 出身中学校のタイプ

インド系経営者の70.3%が英語学校出身であり，タミール語学校の卒業者は，僅か13.5%である。これはインド系の経営者に英語学校出身の高学歴者が多いことと照応している。その背後には，出身カーストの問題が関わっていると思われるが，他方，インド系の場合，先にみたように，現場労働者出身の経営者がかなりの比率で現れており，その起業行動が少しずつ広がっていることを示唆している。

表 4-7　出身中学校のタイプ

			民族			合計
			マレー系	中国系	インド系	
	英語学校	度数	19	24	26	69
		%	16.8%	20.0%	70.3%	25.6%
	マレー語学校	度数	92	12	4	108
		%	81.4%	10.0%	10.8%	40.0%
	中華語学校	度数	1	83	2	86
		%	.9%	69.2%	5.4%	31.9%
	タミール語学校	度数		1	5	6
		%		.8%	13.5%	2.2%
	その他	度数	1			1
		%	.9%			.4%
合計		度数	113	120	37	270
		%	100.0%	100.0%	100.0%	100.0%

　これに対して，中国系経営者の 69.2%が華語学校の出身者（中国系の 90%が華語小学校に入り，その約 10%が華語独立中学校に入る）であることは注目に値する。この 69.2%という数字は，小学校卒の者は，華語小学校の出身，中等教育修了者は華語独立中学校の出身者を意味する。中国系の経営者の 53.3%が中等教育を終えている事実を考え合わせると，約 40%の経営者は，10%弱の独立中学校出身者から現れているという計算になる。

　高等教育が，マレー語および英語によって行われてきたため，民族学校の出身者は，英語学校の出身者に比べて，大学への進学（高等教育の可能性）がかなり限定される。このため，華語学校に進む者は，元々高学歴志向よりはビジネス志向が強く，中等教育修了者が多いということができる。華語学校に進むということは，大学への進学上不利を背負い込むことを意味するからである。この傾向と照応して，華語独立中学校では，ビジネス科と理数科を特設して，この方面での教育に力を入れている。

6）ビジネスに興味を持ち始めた年齢

　マレー系，中国系，インド系とも，20 代が圧倒的に多く，マレー系と中国系は，ついで 10 代が多い。この両者で，マレー系 79%弱，中国系 87%弱に達している。家庭の影響がそこに強く働いているように思われる。これに

対して，現場労働者出身の経営者が多く家庭の影響の少ないインド系は，10代が少なく20代と30代が多くなっている。

表4-8 ビジネスに興味を感じ始めた年齢

			民族			合計
			マレー系	中国系	インド系	
10-20歳	度数		30	33	3	66
	%		26.5%	27.5%	8.1%	24.4%
21-30歳	度数		59	71	23	153
	%		52.2%	59.2%	62.2%	56.7%
31-40歳	度数		17	14	9	40
	%		15.0%	11.7%	24.3%	14.8%
41-50歳	度数		3	1	2	6
	%		2.7%	.8%	5.4%	2.2%
51-60歳	度数		3	1		4
	%		2.7%	.8%		1.5%
>60歳	度数		1			1
	%		.9%			.4%
合計	度数		113	120	37	270
	%		100.0%	100.0%	100.0%	100.0%

　以上起業への［発意］を促すと思われる環境についてみた。マレー系は全体に強い公務員志望がみられる中で，自営業の家庭の子弟が，他のマレー系とはやや隔絶した形で，かなり早い時期からビジネスに興味を持つ傾向が見られ，マレー系の中にある種の棲み分けがみられる。このことはマレー系が食品，アパレル，建築など，身近な特定の産業に集中的に進出している事実と考え合わせると，興味深い。マレー系の場合，ビジネスに進出するものが拡散しにくい状況になっているのではないかと思われる。

　これに対して，中国系は，自営業への評価が高く，かつ自営業への親の期待の強い中で，自営業の家庭に育ったものの多くは，一部マレー系と同様，若いころからビジネスに興味を持ち始め，その多くが華語学校に進学して厳しい訓練を受け，中国語の能力，人脈を形成し，卒業後さらに様々な企業に勤務して経験を蓄積し，技術・情報・人脈・資金などの「リソース化可能要素」を次第に蓄積し，企業機会を見つけて自営業に進出する傾向がみられる。その起業行動は，マレー系のそれとは，大きく異なっている。

　インド系の場合には，自営業の家庭に育ったものが比較的少数で，現場労

働者から起業に至るものが多い。このため，ビジネスに対して興味を持ち始める年齢が，他のエスニック系に比べて約10年遅い。そして食品・繊維など身近な産業への進出が多い点，また前職で技術を身につけたものが少ないという点は，中国系の行動と大きく異なっており，むしろマレー系に近い行動をとっている。

[構想]

　［構想］にはさまざまな側面が考えられるが，いずれも企業経営を志す人々のイメージの中での操作であるために，これを外部から窺い知ることは困難である。ただ，この［構想］に基づいてどのような産業に進出したかは，構想の結果を明白に示す項目といえよう。さらに，資金規模，コアー技術（技術については，次の章で一括して扱う）をどのように構想したかなどによって，［構想］の内容を伺い知ることができよう。

1) 進出業種と棲み分け

　さて，このデータで，まず注目されるのは，マレー系およびインド系の活動領域が，特定の産業に大きく偏っていることである。この点について産業別にみると，マレー系の企業は，食品産業で活躍するものが51.3%を占め，繊維産業と家具産業がそれぞれ10%強，建築が8.0%とこれに続く。この4業種で80.4%に達する。

　また，インド系は，食品，繊維，医薬品（マレーシアでは，インド伝統薬がかなり重要な位置を占めている）への進出の割合が高い。

表 4-9 創業時の業種

		マレー系	中国系	インド系	合計
機械製造	度数	2	15	1	18
	%	1.8%	12.5%	2.7%	6.7%
医薬品	度数	5		5	10
	%	4.4%		13.5%	3.7%
紡績	度数	12	5	6	23
	%	10.6%	4.2%	16.2%	8.5%
建設	度数	9	4	4	17
	%	8.0%	3.3%	10.8%	6.3%
食品	度数	58	27	13	98
	%	51.3%	22.5%	35.1%	36.3%
家具	度数	12	23	1	36
	%	10.6%	19.2%	2.7%	13.3%
その他	度数	15	46	7	68
	%	13.3%	38.3%	18.9%	25.2%
合計	度数	113	120	37	270
	%	100.0%	100.0%	100.0%	100.0%

　これに対して，中国系の場合，機械製造が多いのが目につく。それは調査対象のうち，機械製造業に携わる企業の80％強，中国系企業の12.5％（マレー系1.8％，インド系2.7％）を占めている。

　中国系についての今ひとつの特徴は，「その他の産業」が，38.3％と他のグループに比べて，かなり高くなっていることである。（マレー系13.3％，インド系18.9％）その内容は，サービス業が30％を占めている。流通面での中国系の圧倒的な強さを考えると，納得が行く。他のエスニック集団が特定の産業に集中する傾向が強いのに対して，中国系が，多様な産業に進出していることを示している。

2) マレー系が多く従事する産業

　部門間の連関分析によると，マレーシア経済の重要部門の多くは農業関連の製造業部門であり，食品，木材・紙，繊維・アパレルなどがこれに当たるといわれる。これらは，政府による重要育成部門であり，かつまた，農村居住の多いマレー系が進出しやすい産業であるといってよい。

さらに食品についてみると，人口比率で約60％を占めるマレー系の人々は，そのほとんどがイスラム教徒であり，豚を不潔として忌避するために，他のエスニック系企業が製造した食品に対する警戒心がきわめて強い。このため，マレー系の企業家にとって，食品は，小資本で開業でき，広く安定した需要を見込むことができるうえに，他のエスニック系からの競争に対して，有利な地位を確保することができる。われわれが調査したある豆乳・豆腐製造企業は，裏庭の掘っ立て小屋で始めた豆腐の製造で成功し，僅か5年強で，清潔で近代的な工場を近く建設するところまで到達していた。その経営者は，もともと中国系の食べ物であった豆腐製品が多くのマレー系によって好まれている現実と，マレー系のこの警戒心を明確に意識し，これを戦略として活用し，かなりの成功を成し遂げている。

繊維産業でも，中国から輸入した安い絹を素材とし，これに伝統技術による捺染を施したバティック（Batik）のメーカーなどが，ごく小規模の企業として，半島部（西マレーシア）東海岸地帯に乱立している。これは，主にイスラム教徒の女性たちが身につける，柔らかくゆったりとしてカラフルな衣服や宗教上の意味を持つ髪を覆うスカーフとして使用されている。

家具製造は，政府が力を入れマレー系を支援するインキュベーターもどきの施設を多数用意し，梃子入れをしている。

3） 創業時の資本金

資本金が10万MRを超える比較的規模の大きな企業は，マレー系が15.9％であるが，中国系がマレー系より19.1％も高く35％，インド系が最も少なく僅か2.7％である。1万RM以上10万RM以下の企業は，マレー系が35.4％，中国系が56.7％，インド系が56.8％となっている。両者の合計，すなわち1万RM以上の企業は，中国系91.7％％，インド系が59.5％，マレー系51.3％となっている。

表 4-10　創業時の資本金

		民族			合計
		マレー系	中国系	インド系	
0.00RM	度数	1	2	2	5
	%	.9%	1.7%	5.4%	1.9%
100.00 - 999.00RM	度数	18	2	2	22
	%	15.9%	1.7%	5.4%	8.1%
1000.00 - 9999.00RM	度数	36	6	11	53
	%	31.9%	5.0%	29.7%	19.6%
10,000.00 - 99,999.00RM	度数	40	68	21	129
	%	35.4%	56.7%	56.8%	47.8%
100,000.00RM 以上	度数	18	42	1	61
	%	15.9%	35.0%	2.7%	22.6%
合計	度数	113	120	37	270
	%	100.0%	100.0%	100.0%	100.0%

逆に，創業時の資本金が1万RM以下の零細企業は，マレー系が48.3%，インド系が40.5%，中国系が最も少なく僅か8.4%である。

ブミプトラ政策のもとで，マレー系の場合には，長期低金利の融資制度が利用でき，非ブミプトラ系の中には，利率の高い資金を使用している者が多いことに注意したい。われわれが面接調査したあるインド系の経営者は，その資金繰りについて，利率14〜5%の資金を使用したと述懐しているのに対して，あるマレー系の経営者は，当時銀行ローンが11%であったのに対して，年利4%の産業発展ローンを活用したと述懐している。

新経済政策にあっては，「行政部門が積極的に市場メカニズムに介入するという方法がとられた」が，金融面では，「金利と融資条件に関して，ブミプトラを優遇する資金市場が行政的介入によって形成された」。

[決断]

この決断の段階と関わるデータとしては，「創業前の職業」および「現在の経営に携わるようになった原因」が役に立つ。

1) 創業前の職業

まず，「創業前の職業」として圧倒的に多いのは，自営業である。マレー

系 50.4％，中国系 20.8％，インド系 48.6％と，マレー系・インド系において
は，その約半数を示している。これに対して，中国系は，20.8％と格段に少
ない。44.2％がその他となっている。これは，事務労働者・技術者（ともに
質問項目になし―調査票の欠陥）を多く含んでいるものと思われる。父親の
職業によってみた家庭の職業が，マレー系・中国系でともに，自営業が 60
％以上を占めていることからみると，マレー系の間には，自営業から自営業
への連続性がみられるのに対して，中国系の場合には，そこにある断絶がみ
られる。自営業の雰囲気の中に育ち，若くして企業経営に興味を持ちなが
ら，他の職業を経験しているのが中国系の特徴と思われる。中国系が，他の
企業に勤務しながら経験を積み，自立してゆくという，面接調査でしばしば

表 4-11　創業前の職業

		民族			合計
		マレー系	中国系	インド系	
現場労働者	度数	9	18	9	36
	％	8.0％	15.0％	24.3％	13.3％
引退	度数	1	5		6
	％	.9％	4.2％		2.2％
教師	度数	3	1	2	6
	％	2.7％	.8％	5.4％	2.2％
公務員	度数	3		1	4
	％	2.7％		2.7％	1.5％
自営業	度数	57	25	18	100
	％	50.4％	20.8％	48.6％	37.0％
管理者	度数	4	8		12
	％	3.5％	6.7％		4.4％
軍務	度数	1		1	2
	％	.9％		2.7％	.7％
技工	度数	2	2		4
	％	1.8％	1.7％		1.5％
その他	度数	19	53	4	76
	％	16.8％	44.2％	10.8％	28.1％
無職	度数	5	7	1	13
	％	4.4％	5.8％	2.7％	4.8％
主婦	度数	9	1	1	11
	％	8.0％	.8％	2.7％	4.1％
合計	度数	113	120	37	270
	％	100.0％	100.0％	100.0％	100.0％

指摘された傾向が，このような違いを生み出したのであろう。そこにマレー系と中国系の差が鮮明にみられる。

現場労働者からの創業が，マレー系，中国系，インド系それぞれ，8.0％，15.0％，24.3％と，インド系がもっとも高いが，中国系がそれほど高くないのは，一つには，彼らが，現場労働者としてではなく，ホワイトカラーや技術者として勤務していたことによるものと考えられる。もう一つの理由は，中国系の場合，経営者の人口比率が高く，逆に現場労働者の人口比率の低いことが影響しているものと思われる。

2) 現在の経営に携わるようになった原因

次に「現在の経営に携わるようになった原因」の第1についてみると，マレー系に多いのが「収入を増やす」で25.7％あり，この項目は中国系・インド系では低い（10.8％，5.4％）。また，前職への不満はマレー系・インド系で高いのに対して，転職が多いといわれる中国系で，前職への不満が低く，彼らの転職がこれらとは別の動機（たとえば経験を積みたいというより積極的な動機）に基づいていることを窺わせる。中国系の動機は，むしろ積極的に，「能力を試したい／夢を実現したい」40.0％，「ボスになって自分の意思で仕事をしたい」10.8％，「経営そのものに興味を感じた」9.2％となっており，この3項目で合計60.0％に達している。この合計は，マレー系では45.1％，インド系では45.9％と，中国系との間に約15ポイントの差がみられる。

[計画]・[準備]・「起業」
1) 創業時の困難

[計画]・[準備]段階に関連して，まず重要と思われるのは，各エスニック系企業経営が，創業時に何にもっとも困難を感じていたかという問題である。

① 資金不足

この点についてみると，各エスニック集団とも資金不足をまず第1に挙げている。マレー系が70.8％，中国系79.2％，インド系86.5％と高い。

表 4-12　現在の経営に携わるようになった第 1 の原因

			民族			合計
			マレー系	中国系	インド系	
	財産として相続したから	度数	13	14	7	34
		%	11.5%	11.7%	18.9%	12.6%
	能力を試したい／夢を実現したい	度数	40	48	13	101
		%	35.4%	40.0%	35.1%	37.4%
	前職に不満を感じる	度数	12	8	4	24
		%	10.6%	6.7%	10.8%	8.9%
	収入を増やす	度数	29	13	2	44
		%	25.7%	10.8%	5.4%	16.3%
	経営そのものに興味を感じたこと	度数	6	11	3	20
		%	5.3%	9.2%	8.1%	7.4%
	ボスになって自分の意思で仕事をしたいから	度数	5	13	1	19
		%	4.4%	10.8%	2.7%	7.0%
	前職で市場と技術を分かったから	度数	7	11	6	24
		%	6.2%	9.2%	16.2%	8.9%
	親戚や友人に委託されたから	度数		1	1	2
		%		.8%	2.7%	.7%
	その他	度数	1	1		2
		%	.9%	.8%		.7%
合計		度数	113	120	37	270
		%	100.0%	100.0%	100.0%	100.0%

　マレー系は，低利の政府融資で圧倒的な優遇を受けながら，なおかつ不足感が強い。零細・小企業までは，政府の援助が行き届かないのか，政府への甘えのためにもっと優遇してほしいということなのだろうか。この点に関して，次の資金調達源は，興味深い。

　インド系に資金不足感が強いのは，のちにみる（表 5-3）純利益の再投資の低さ，配当性向の高さと考え合わせると，そこにインド系の企業観が表明されていて興味深い。中国系は資金の不足を，家族・友人・従業員の出資と純利益の再投資で緩和している。

　②　資金源　そこで次に，各エスニック系企業の資金源についてみる。まず第 1 資金源としては，銀行の比率が高いが，マレー系に特異な傾向がみられる。非銀行金融組織の比率がずば抜けて高いことである。まず，銀行融資についてみると，マレー系 36.3%，中国系 66.7%，インド系 56.8% となって

表4-13 創業時第1の3つの困難

			民族			合計
			マレー系	中国系	インド系	
	資金不足	度数	80	95	32	207
		%	70.8%	79.2%	86.5%	76.7%
	市場情報の不足	度数	15	19	1	35
		%	13.3%	15.8%	2.7%	13.0%
	原材料の不足	度数	7	2		9
		%	6.2%	1.7%		3.3%
	労働力の不足	度数	3	1		4
		%	2.7%	.8%		1.5%
	取引先の支払金の遅延	度数	2	1	1	4
		%	1.8%	.8%	2.7%	1.5%
	技術情報の不足	度数	2			2
		%	1.8%			.7%
	人材の不足	度数	2		1	3
		%	1.8%		2.7%	1.1%
	経営知識の不足	度数	2	1		3
		%	1.8%	.8%		1.1%
	企画力の不足	度数		1		1
		%		.8%		.4%
	技術開発能力の不足	度数			2	2
		%			5.4%	.7%
合計		度数	113	120	37	270
		%	100.0%	100.0%	100.0%	100.0%

いる。次に非銀行金融組織についてみると，マレー系23.0%，中国系3.3%，インド系0%となっている。このマレー系の23.0%のうちのかなりの部分は，政府による優遇融資と思われる。そのほかの特徴としては，インド系の個人貯蓄・家族資金の多さが目に付く。

第2資金源についてみると，マレー系の個人貯蓄，中国系の親戚・友人の資金，インド系の家族資金が目に付く。

以上，各エスニック集団の起業行動の特徴についてみると，まず，中国系には，比較的大きな資本規模で技術志向性の強い（機械製造業が多い。詳しくは後述）企業経営活動を行おうとする傾向がみられ，マレー系は，逆に比較的小資本で技術志向性の強くない（後述）経営活動を行う傾向がみられる。

表4-14 第1資金源

		民族			合計
		マレー系	中国系	インド系	
銀行	度数	41	80	21	142
	%	36.3%	66.7%	56.8%	52.6%
信託など非銀行金融組織	度数	26	4		30
	%	23.0%	3.3%		11.1%
個人の貯蓄	度数	45	31	13	89
	%	39.8%	25.8%	35.1%	33.0%
家族の資金	度数		5	3	8
	%		4.2%	8.1%	3.0%
その他	度数	1			1
	%	.9%			.4%
合計	度数	113	120	37	270
	%	100.0%	100.0%	100.0%	100.0%

表4-15 第2資金源

		民族			合計
		マレー系	中国系	インド系	
信託など非銀行金融組織	度数	1	3		4
	%	.9%	2.5%		1.5%
個人の貯蓄	度数	57	46	14	117
	%	50.4%	38.3%	37.8%	43.3%
家族の資金	度数	49	54	22	125
	%	43.4%	45.0%	59.5%	46.3%
親戚の資金	度数	1	10		11
	%	.9%	8.3%		4.1%
友達の資金	度数	1	7		8
	%	.9%	5.8%		3.0%
その他	度数	4		1	5
	%	3.5%		2.7%	1.9%
合計	度数	113	120	37	270
	%	100.0%	100.0%	100.0%	100.0%

　ちなみに，インド系の特徴として，少数の知的できわめて優秀な経営者とこうした経営者の提供する家族的な雰囲気の中で20年勤勉に働く労働者という両極分解の構造と，大規模な資本と高度な技術で企業経営活動を行う人びとと小資本で技術にも関心を持たない人びととの両極分解がみられる。

2) 起業とリスクの負担

多様な要素が絡み合う不確実性のもとで新たに企業を起こすことは，定着した企業の運営よりも遙かに多くの不確定要素を抱え込んだ「リスク」を負うことを意味する。

① 計画したように事業が進行せず，様々な修正行動をとっても事態が改善せず，結局事業を継続できなくなる危険，

② こうした挫折の結果として，資金・信用・気力など，起業家として再起不能になる，ないし，大打撃を受ける危険，

③ その結果，自分および家族の生活が脅かされるという危険に晒されることになる。

もちろん，これまでの経験や慎重な計画，出資の分散などによって，「リスク」を軽減することは可能であるが，にも関わらずそれを完全に排除することはできないため，起業の決断においては，これらの危険に対する心理的な覚悟，不安に耐える心性が求められることになる。

しかし，創業時の資本金は，ほぼ個人が負担する場合もあれば，大勢の出資者が負担する場合もある。いま各グループの持株比率についてみると，経営者自身がほぼ全額（91％以上）出資している企業の割合は，マレー系が62.8％，インド系が35.1％に達するが，中国系の場合は僅か17.5％である。また，50％以上90％以下の出資をしている割合は，マレー系18.6％，中国系が54.2％，インド系が37.8％である。全体的にみると，資本金はいずれのグループも経営者とその家族が主に出資しているが，この傾向はマレー系の場合に特に目立つ。中国系の場合，親戚，友人，従業員とその他の投資者からの投資を獲得しており，資金規模が大きいにも関わらず，出資のリスクを広く分散している。これは，マレーシア独立以前の歴史過程（第1章参照）から明らかなように，中国系の人々の間に，資産・情報・ノウハウ・人脈など，「リソース化可能要素」の蓄積が多いこと，多くの出資者を引きつけるほどに有望な企業が多いことを示唆している。

表 4-16 経営者個人の持ち株比率

		民族			合計
		マレー系	中国系	インド系	
91-100%	度数	71	21	13	105
	%	62.8%	17.5%	35.1%	38.9%
50%-90%	度数	21	65	14	100
	%	18.6%	54.2%	37.8%	37.0%
1%-49%	度数	8	27	3	38
	%	7.1%	22.5%	8.1%	14.1%
0%	度数	13	7	7	27
	%	11.5%	5.8%	18.9%	10.0%
合計	度数	113	120	37	270
	%	100.0%	100.0%	100.0%	100.0%

表 4-17 家族の持ち株比率

		民族			合計
		マレー系	中国系	インド系	
91-100%	度数	3	3	2	8
	%	2.7%	2.5%	5.4%	3.0%
50%-90%	度数	8	10	2	20
	%	7.1%	8.3%	5.4%	7.4%
1%-49%	度数	16	64	12	92
	%	14.2%	53.3%	32.4%	34.1%
0%	度数	86	43	21	150
	%	76.1%	35.8%	56.8%	55.6%
合計	度数	113	120	37	270
	%	100.0%	100.0%	100.0%	100.0%

表 4-18 親戚の持ち株比率

		民族			合計
		マレー系	中国系	インド系	
50%-90%	度数			1	1
	%			2.7%	.4%
1%-49%	度数	6	37	5	48
	%	5.3%	30.8%	13.5%	17.8%
0%	度数	107	83	31	221
	%	94.7%	69.2%	83.8%	81.9%
合計	度数	113	120	37	270
	%	100.0%	100.0%	100.0%	100.0%

表 4-19　友達の持ち株比率

			民族			合計
			マレー系	中国系	インド系	
	50%-90%	度数	3	11	2	16
		%	2.7%	9.2%	5.4%	5.9%
	1%-49%	度数	2	34	2	38
		%	1.8%	28.3%	5.4%	14.1%
	0%	度数	108	75	33	216
		%	95.6%	62.5%	89.2%	80.0%
合計		度数	113	120	37	270
		%	100.0%	100.0%	100.0%	100.0%

表 4-20　一般投資者の持ち株比率

			民族			合計
			マレー系	中国系	インド系	
	91-100%	度数	3			3
		%	2.7%			1.1%
	50%-90%	度数	4	5		9
		%	3.5%	4.2%		3.3%
	1%-49%	度数	2	15	1	18
		%	1.8%	12.5%	2.7%	6.7%
	0%	度数	104	100	36	240
		%	92.0%	83.3%	97.3%	88.9%
合計		度数	113	120	37	270
		%	100.0%	100.0%	100.0%	100.0%

第5節　小括

1）［発意］レベルに見られる大きな差

　このレベルでの大きな差は，マレー系が圧倒的に公務員の安定した職務を志向しているのに対して，中国系のビジネスへの志向は相変わらず強いことである。ブミプトラ政策によるマレー系優遇の中で，安定志向のマレー系が，ますます公務員志向に走るのはきわめて自然であり，マレー系のビジネス進出を促そうとする政府の意図は，自らの政策とマレー系の民族的性格に

よって裏切られる形となっている。マレー系の生活水準を上げたいという政府の目標と，マレー系のビジネス進出によるその生活水準の向上とは，互いに矛盾する構造となっている。また，マレー系のビジネスマンは，自営業の家庭に生まれ，周囲を見習って直接小さなビジネスを始めるのも，その特徴である。

　これに対して，中国系は，その多くが自営業の家庭に育ってはいるが，様々な勤務経験を積んだ後に起業に踏み切っている。とくに技術に強い中国系は，多様な産業，ことに近代産業へと進出し，その将来は，新しい技術を要求するハイテク産業などへ進出する大きな可能性を秘めている。

2）　エスニック系企業の特徴と将来への示唆

① ビジネス参入者の如何によって，将来，各エスニック系が経済界に占めるウエィトは，大きく変わってくる。マレー系は，その多くが公務員志向の強いなかで，自営業（self-employer）の家庭に育った限られた範囲の人々が，直接にビジネスを始める傾向がある。このことは，ビジネスに進出する人々（その中には，低学歴者が少なくない）が，拡散しにくい傾向を示唆している。また，進出産業が拡散しない傾向とも照応している。
② 中国系も自営業の家庭に育った者が多いが，直接にビジネスに進出する者は少なく，会社勤務と転職によって多くの経験を積んだ後，機会を見て得意分野で起業する傾向が強い。その結果，多様な産業に拡散的に進出する傾向が見られる。
③ マレー系の創業規模は小さく，中国系は大きい。インド系は，両者の中間にくる。
④ マレー系は，限られた範囲で資金を調達し，中国系は，幅広く資金を調達する。
⑤ マレー系・インド系は，食品・繊維など特定産業に集中し，中国系は，多様な産業に広く拡散している。
⑥ マレー系，インド系の場合のように，ビジネスが特定産業に集中する傾向は，やがて産業内のバランスを崩し，過当競争をもたらし，行き詰まる可

能性がある．特に食品やアパレルなどは，その危険が大きい．

　以上の分析は，今後の発展政策を見極めるうえでの一つの視点を提供すると筆者は考えている．

注
1) 岩田奇志「『起業行動』の諸段階：企業主体の形成過程再考」山崎広道編著『法と政策をめぐる現代的変容』，成文堂，2010年．
2) この調査は，2001年度〜2002年度文部科学省科学研究費「中小企業の発展にかかわる社会システムに関する国際比較研究：自立型経済発展モデルの可能性を探る」（基盤研究B　研究課題番号13572006）および，日本福祉大学情報科学研究所2003年度研究費による．

第5章
企業経営行動の比較分析

第1節　検討の対象とした「企業経営行動」

　先に第2章で検討した企業経営行動（広義）の進行段階のうち，企業機会の認知から起業に至る過程については，第4章で取り扱った。この章では，起業以後夢の実現に至る過程，すなわち，

起業→制約要因の認知→制約要因の克服→発展→〔成長による環境との不適合の発生とその克服→発展の進行〕→〔この過程の繰り返し〕→目標の達成（満足水準への到達）・夢の実現

を取り扱う。企業経営行動の段階区分とこれに照応する調査項目は次の通りである。

　［制約要因の認知］と［制約要因の克服］

　企業をスタートさせた後，多くの企業は，実在環境が，これまで，［構想］，［計画］の拠り所としてきた環境像との間に，大なり小なりのズレを持っていることを知る。

　起業以後さまざまな制約要因に遭遇するし，企業が発展するにつれてまた新たな困難が現れてくる。さきに［計画］［準備］段階の問題として「創業時の困難」についてみたが，そこでは，資金不足がもっとも重要な制約要因として現れていた。この問題が，起業後にどのように変化を遂げていったか，どのような問題が新たに現れてきたのかについてみる。

第 2 節　資金面での制約要因とその克服

1　創業時第 1 の制約要因資金不足の 2000 年における状況

　2000 年現在経営者たちが強く感じている困難についてみると，創業時に比べて，資金不足はかなり緩和されており，特に中国系では，資金の不足感は低くなっている。

　困難の第 1 に資金不足をあげるもの，マレー系 23.0%（創業時 70.8%），中国系 13.3%（同 79.2%），インド系 21.6%（同 86.5%）に減少している。興味深いのは，利潤の再投資に積極的なマレー系と，逆にこの点で最も消極的

表 5-1　創業時第 1 の困難

		民族			合計
		マレー系	中国系	インド系	
資金不足	度数	80	95	32	207
	%	70.8%	79.2%	86.5%	76.7%
市場情報の不足	度数	15	19	1	35
	%	13.3%	15.8%	2.7%	13.0%
原材料の不足	度数	7	2		9
	%	6.2%	1.7%		3.3%
労働力の不足	度数	3	1		4
	%	2.7%	.8%		1.5%
取引先の支払金の遅延	度数	2	1	1	4
	%	1.8%	.8%	2.7%	1.5%
技術情報の不足	度数	2			2
	%	1.8%			.7%
人材の不足	度数	2		1	3
	%	1.8%		2.7%	1.1%
経営知識の不足	度数	2	1		3
	%	1.8%	.8%		1.1%
企画力の不足	度数		1		1
	%		.8%		.4%
技術開発能力の不足	度数			2	2
	%			5.4%	.7%
合計	度数	113	120	37	270
	%	100.0%	100.0%	100.0%	100.0%

なインド系が，資金の不足をより強く感じていることである。マレー系に対しては「それだけ投資してもまだ足りないのか？」という疑問が残るし，インド系に対しては，「もっと利潤の再投資をすれば，資金不足が緩和されるのでは？」という疑問が残る。

　このような事態についての1つの推論は，次の通りである。まず中国系の場合，資金調達源が幅広く組織化されており，企業が有望であればあるほど，つまり資金需要が旺盛であるほど，幅広い資金源を動員できること，おそらくは，独立以前の長い歴史の中で行われた民族的蓄積が，これに大きく役立っていること，マレー系の場合，家族的な零細企業が多く，自己資金や家族資金に頼る度合いが大きいこと，このため資金需要が大きくなるともっぱら内部留保に頼る傾向が強いことである。インド系の行動は，資金不足を

表5-2　創業時第2の困難

		民族			合計
		マレー系	中国系	インド系	
資金不足	度数	8	2	2	12
	%	7.1%	1.7%	5.4%	4.4%
市場情報の不足	度数	43	37	13	93
	%	38.1%	30.8%	35.1%	34.4%
原材料の不足	度数	13	16	5	34
	%	11.5%	13.3%	13.5%	12.6%
労働力の不足	度数	12	19	7	38
	%	10.6%	15.8%	18.9%	14.1%
取引先の支払金の遅延	度数	14	9	6	29
	%	12.4%	7.5%	16.2%	10.7%
技術情報の不足	度数	10	8		18
	%	8.8%	6.7%		6.7%
人材の不足	度数	5	10		15
	%	4.4%	8.3%		5.6%
経営知識の不足	度数	6	13	4	23
	%	5.3%	10.8%	10.8%	8.5%
企画力の不足	度数	2	4		6
	%	1.8%	3.3%		2.2%
技術開発力の不足	度数		2		2
	%		1.7%		.7%
合計	度数	113	120	37	270
	%	100.0%	100.0%	100.0%	100.0%

訴えながらも，利益の再投資を極力抑えていること，開発投資もきわめて低いことが，傾向としてみられる。後にみるが，インド系の場合，純利益の多くの部分は，配当に回されている。

2 2000年現在強く意識されている制約要因：支払いの遅延とその背景

この2000年の時点で，各エスニック系企業がもっとも困難を感じているのは，「資金不足」に代わって，「取引先の支払いの遅延」となっている。この点で，マレー系が最も高く26.5％，中国系が25.0％，インド系はこれより低くて13.5％の経営者がこれを第一に挙げている。この点に関して，面接調査で得た次の指摘は，興味深い。

表5-3 2000年時第1の困難

		民族			合計
		マレー系	中国系	インド系	
資金不足	度数	26	16	8	50
	％	23.0％	13.3％	21.6％	18.5％
市場情報の不足	度数	20	19	5	44
	％	17.7％	15.8％	13.5％	16.3％
原材料の不足	度数	9	8	3	20
	％	8.0％	6.7％	8.1％	7.4％
労働力の不足	度数	10	18	6	34
	％	8.8％	15.0％	16.2％	12.6％
取引先の支払金の遅延	度数	30	30	5	65
	％	26.5％	25.0％	13.5％	24.1％
技術情報の不足	度数	9	14	3	26
	％	8.0％	11.7％	8.1％	9.6％
人材の不足	度数	1	4	1	6
	％	.9％	3.3％	2.7％	2.2％
経営知識の不足	度数	6	2	1	9
	％	5.3％	1.7％	2.7％	3.3％
企画力の不足	度数	1	5	1	7
	％	.9％	4.2％	2.7％	2.6％
技術開発能力の不足	度数	1	1	4	6
	％	.9％	.8％	10.8％	2.2％
その他	度数		3		3
	％		2.5％		1.1％
合計	度数	113	120	37	270
	％	100.0％	100.0％	100.0％	100.0％

① ある中国系の経営者は，中国系としては珍しく，その親しい友人たちの多くがマレー系であるが，彼によるとマレー系は好人物が多いという。しかし，にも関わらず，彼はマレー系とは現金以外取引をしないと断言している。マレー系は金銭の面ではあてにならないのだという。

② 中国系は，一度約束を違えると，仲間内では2度と相手にされなくなると言われている。中国系の間の取引がこの状態で進行している以上，中国系の間の取引に支払い遅延が蔓延しているとは考えにくい。またインド系が回収にそれほどの困難を感じていないと言うことは，インド系の間では，支払い遅延はそれほど大きな問題とはなっていないことを示唆している。こうして支払い遅延の主な原因としてマレー系が浮かび上がってくる。

③ 面接調査で得た次の指摘は，マレー系の金銭感覚を示唆していて興味深い。すなわち，マレー系の間では，親族間での金の貸し借りがしばしば行われるが，借金を申し込まれたとき，貸すかどうかは自由（しがらみがない）であるが，貸した場合，金額の如何を問わず儲けは折半する。そして，貸し金が返済できなければ，それは「やむを得ないこと」と了解されるのが，マレー系の間の慣行であるというのである。この「やむを得ない」という感覚が，中国系やインド系に対してもつい顔を出すということは容易に推察できる。

3　過去5年間の純利益とその再投資

純利益の再投資は，資金需要を満たす重要な方法の1つである。大変興味深いことに，純利益の91％以上を再投資に回した企業の割合は，インド系の5.4％，中国系の5.8％に対して，マレー系は16.8％と断然多い。また純利益を50～90％再投資した企業の割合は，マレー系が57.5％，中国系67.5％であるのに対して，インド系は24.3％に止まっている。純利益の50％以上を再投資に回した上位2ランクを合計すると，マレー系は74.3％，中国系は73.3％と高い。これに対して，インド系は29.7％と，30％を切っている。

表 5-4 過去5年間の純利益の中で再投資に回された利潤の割合

			民族			合計
			マレー系	中国系	インド系	
	91-100%	度数	19	7	2	28
		%	16.8%	5.8%	5.4%	10.4%
	50%-90%	度数	65	81	9	155
		%	57.5%	67.5%	24.3%	57.4%
	1%-49%	度数	13	19	7	39
		%	11.5%	15.8%	18.9%	14.4%
	0%	度数	16	13	19	48
		%	14.2%	10.8%	51.4%	17.8%
合計		度数	113	120	37	270
		%	100.0%	100.0%	100.0%	100.0%

　純利益の再投資では，マレー系と中国系の間には，あまり大きな差は見られないが，資本規模，販売額が小さいマレー系の零細企業の場合，純利益の額が少なく，その大半を再投資に回したとしても，その金額はそれほど大きくはない。

　興味深いことに，インド系の場合，純利益を全然投資しなかった企業の割合が 51.4%（マレー系 14.2%，中国系 10.8%）に上り，その過半数を占めている。

　逆に，インド系企業の配当性向は高く，91%から100%の配当を行ったインド系企業10.8%（マレー系・中国系は0%），50%以上の配当を行った企

表 5-5 過去5年間の純利益中で配当に当てられた利潤の割合

			民族			合計
			マレー系	中国系	インド系	
	91-100%	度数			4	4
		%			10.8%	1.5%
	50%-90%	度数	6	15	6	27
		%	5.3%	12.5%	16.2%	10.0%
	1%-49%	度数	24	79	10	113
		%	21.2%	65.8%	27.0%	41.9%
	0%	度数	83	26	17	126
		%	73.5%	21.7%	45.9%	46.7%
合計		度数	113	120	37	270
		%	100.0%	100.0%	100.0%	100.0%

業は，マレー系 5.3％，中国系 12.5％に対してインド系 27％（10.8％+16.2％）となっている。

第3節　技術面の制約とその克服

1　主な生産技術の獲得

1)　生産技術の由来

企業の成長力との関連で見ると，技術力の如何も見逃せないテーマである。そこで次に，各エスニック系企業における主な生産技術の由来についてみると，創業者自身が自立前の職業で身に付けたケースが中国系で最も高く36.7％，ついでインド系で，24.3％，マレー系が最も少なく，18.6％に止まっている。そこには，他の企業に勤務し，技術・ノウハウを身につけて自立する中国系の特徴がよく現れている。中国系のこの傾向は，「リソースの形成」において，格別重要な意味を持っている。

表 5-6　主な生産技術の源

		民族			合計
		マレー系	中国系	インド系	
前職で身に付けた技術	度数	21	44	9	74
	％	18.6％	36.7％	24.3％	27.4％
雇った技術者が	度数	9	36	7	52
持ってきた技術	％	8.0％	30.0％	18.9％	19.3％
創業者の親族あるいは	度数	12	12		24
親戚が身に付けた技術	％	10.6％	10.0％		8.9％
外国から導入した技術	度数	29	9	10	48
	％	25.7％	7.5％	27.0％	17.8％
自社が開発した技術	度数	29	16	10	55
	％	25.7％	13.3％	27.0％	20.4％
その他	度数	13	3	1	17
	％	11.5％	2.5％	2.7％	6.3％
合計	度数	113	120	37	270
	％	100.0％	100.0％	100.0％	100.0％

これに対して，マレー系とインド系の場合，外国からの技術の購入と創業

後の自社開発の割合が,ほぼ同程度で,それぞれ25.7%と27.0%と高くなっている。インド系で興味深いのは,中国系・マレー系に多い家族の技術支援が皆無であることである。

中国系の場合,自立する前に他社に勤務して,そこで技術とノウハウを身につけて創業に至るケースが多い。さらに,中国系では雇った技術者の技術を活用しようとする傾向が強い。すなわち,この傾向は,中国系で30.0%と高く,続くインド系18.9%,マレー系8.0%となっている。

2) 企業にとって重要な技術者

これを,やや角度を変えて,企業にとって重要な技術者についてみると,マレー系の場合,経営者自身と家族が技術を握る割合が44.2%に達し,雇った技術者に頼る比率は僅か20.4%に止まっている。これに対して,中国系の場合,自立前に技術を身につけて創業に至るものが多いにもかかわらず,経営者個人と家族が重要な技術の保持者となっている割合はそれほど高くなく,27.5%であるのに対して,雇われた技術者が技術力を支える割合は最も高く46.7%に達している。インド系の場合,経営者自身と家族が技術を支える場合と雇われた技術者が技術を支える場合との割合がともに,35.1%となっている。

表5-7 重要な技術者のソース

			民族			合計
			マレー系	中国系	インド系	
	経営者自身あるいは家族	度数	50	33	13	96
		%	44.2%	27.5%%	35.1%	35.6%
	外からの招聘	度数	23	56	13	92
		%	20.4%	46.7%	35.1%	34.1%
	社内訓練	度数	20	26	6	52
		%	17.7%	21.7%	16.2%	19.3%
	技術の購入	度数	19	5	5	29
		%	16.8%	4.2%	13.5%	10.7%
	その他	度数	1	0	0	1
		%	.9%	.0%	.0%%	.4%
合計		度数	113	120	37	270
		%	100.0%	100.0%	100.0%	100.0%

「教員面接調査」の中で，マレー系の教員（複数）が，中国系の若者たちは理数系に強く，マレー系は文学などに強いと指摘していた。確かに，技術者を目指す中国系の若者は多いし，また華語学校が理数系の教育に優れていることは，よく知られている。われわれが面接調査した中国系経営者の子弟の中にも，エレクトロニクスを含めて技術者を志向するものが少なくない。

このような傾向に加えて，マレーシアでは，各エスニック系企業は，経営者と同じエスニックの従業員を多く雇用する傾向が強い。中国系企業には中国系が，インド系の企業にはインド系およびインドからの出稼ぎが，マレー系の企業には圧倒的にマレー系が働いている。特に中国系の人びとは，インド系やマレー系の企業で働くことを望まないという指摘が面接調査の中でたびたびなされている。その理由は，マレー系が，「技術やノウハウの習得よりも目先の好条件を求めて転職する」傾向が強いのに対して，中国系は，技術・ノウハウを習得して，自立することを求めているからであるという。まれに，マレー系の企業で雇われている中国系の人びとを見かけるが，そのほとんどが技術者である。

このような事情があるため，中国系の企業は，創業者やその一族の技術だけでなく，雇った技術者の技術を大いに活用することができる。これに対して，マレー系企業の場合，経営者が前職で技術を身につけて創業するケースがきわめて少なく，かつまた技術者を雇ってその技術を活用するのが困難なため，経営者自身や家族の技術，外国から導入した技術（これには政府の支援が関わっている），創業後に開発された技術が頼りとなる。おそらくは，マレー系企業の上層では，外国技術が導入・活用されるが，中小零細企業の場合には，主として創業後に経営者やその家族が身につけた技術が頼りであり，一般に，高度の技術は期待し難いと思われる。

先にみたように，マレー系が多く食品，繊維，家具など，比較的技術水準の低い産業に参入する傾向がみられるのは，このことと無関係ではないように思われる。

これに対して，中国系の企業に機械製造業で活躍するものが多いことは，以上のような背景のもとで考える必要がある。

以上各エスニック集団の技術への対応を総括すると，次のようになる。マレー系・インド系が外国から導入した技術および創業後自社開発した技術に頼っている（マレー系51.4%，インド系54.0%，中国系20.8%）のに対して，中国系は創業以前に前職で身につけた技術と創業後雇った技術者が持ってきた技術に頼っており(66.7%)，これに親族の持つ技術を加えると，76.7%に達する。

3) 技術問題の克服：技術情報と技術開発力

各エスニック集団とも技術情報の不足を指摘しているが，中でも中国系にこの傾向が強い。中国系は，技術情報の不足を上げ，インド系は何故か市場

表5-8 技術開発における第1の困難

		民族			合計
		マレー系	中国系	インド系	
資金不足	度数	29	34	13	76
	%	25.7%	28.3%	35.1%	28.1%
市場情報の不足	度数	6	13	6	25
	%	5.3%	10.8%	16.2%	9.3%
原材料の不足	度数	2	5		7
	%	1.8%	4.2%		2.6%
労働力の不足	度数	3	4		7
	%	2.7%	3.3%		2.6%
取引先の支払金の遅延	度数	1	2	3	6
	%	.9%	1.7%	8.1%	2.2%
技術情報の不足	度数	13	27	3	43
	%	11.5%	22.5%	8.1%	15.9%
人材の不足	度数	12	7	2	21
	%	10.6%	5.8%	5.4%	7.8%
経営知識の不足	度数	7	5	2	14
	%	6.2%	4.2%	5.4%	5.2%
企画力の不足	度数	13	5	2	20
	%	11.5%	4.2%	5.4%	7.4%
技術開発力の不足.	度数	27	17	5	49
	%	23.9%	14.2%	13.5%	18.1%
その他	度数		1	1	2
	%		.8%	2.7%	.7%
合計	度数	113	120	37	270
	%	100.0%	100.0%	100.0%	100.0%

情報の不足を挙げている。インド系の製品がより消費市場に密着しているということであろうか。

しかし，にも関わらず，技術開発力の不足では，マレー系がもっとも高く23.9％，中国系とインド系が低くなっている。さらに，技術開発上の困難についてみると，資金不足が高く，中でもインド系にそれが強く現れている。興味深いのは，インド系が利潤の再投資を極力控え，開発投資も控えていることである。マレー系は，技術開発力の不足を強く意識している。

4) 技術開発費
(1) 創業時の技術開発費

制約要因を克服するために，現在どのように技術開発費を投下しているのか，それは創業時からどのように増加しているのかについてみると，この点からも技術への志向性が見えてくる。

表5-9 創業時の技術開発費

		民族			合計
		マレー系	中国系	インド系	
0.00RM	度数	34	18	24	76
	％	30.1％	15.0％	64.9％	28.1％
100.00 - 999.00RM	度数	10	2	3	15
	％	8.8％	1.7％	8.1％	5.6％
1000.00 - 9999.00RM	度数	32	31	6	69
	％	28.3％	25.8％	16.2％	25.6％
10,000.00 - 99,999.00RM	度数	34	61	4	99
	％	30.1％	50.8％	10.8％	36.7％
100,000.00RM以上	度数	3	8		11
	％	2.7％	6.7％		4.1％
合計	度数	113	120	37	270
	％	100.0％	100.0％	100.0％	100.0％

技術開発費が1万RM以上の企業の割合は，中国系が最も高く57.5％，次がマレー系で，32.8％，インド系が最も少なく10.8％となっている。

逆に創業時技術開発費がゼロの企業の割合は，インド系が最も高く，64.9％，マレー系30.1％。これに対して中国系は15.0％と低くなっている。先に見たように，外国技術への依存度が低く，創業者自身が前職で習得した技

術・親族の持つ技術・雇用した技術者の技術を活用する中国系企業が，最も多くの開発費を投下している。技術への志向性は3つのエスニック集団のなかで最も強いことが明らかである。これに対して，インド系とマレー系では，技術の自社開発が重要と考えられているにもかかわらず，その技術開発費は少ない。またマレー系の場合，外国企業や政府合弁企業による技術指導に依存しているという事情が考えられる。「プロトン（三菱自動車との合弁による車の製造）ブミプトラ下請け計画」はその典型であるといってよい。この場合，親会社である合弁企業が，アッセンブリー産業の特徴を生かして，多数のマレー系企業に下請けをさせ，外国から導入した技術を，下請け企業にできるだけ移転することによって，下請け企業の間に，進んだ外国製の技術を行き渡らせるという政策である。

このように，エスニック集団によって，その技術開発費の投下に大きな差が見られ，マレー系・インド系が，高度の技術を必要としない産業に多く従事しており，中国系が技術志向的な産業に多く進出していることは明白である。

(2) **創業時の技術開発費と 2000 年次の技術開発費**

この両者について，10 万 RM 以上の企業の割合をみると，いずれのエスニック集団でも，その割合は増加している。その中で，もともと創業時に技術開発費の多かった，中国系の増加率が 19.1％ と最も高い。第 2 ランク 1～10 万RMの技術開発費を投じた企業の割合も中国系が最も高く，50.8％，マレー系が 38.9％，インド系が最も低く 10.8％ である。この上位 2 つのランクを合計すると，中国系は 76.6％ で最も高く，マレー系は 47.7％，インド系は 31.6％ となっている。中国系企業の技術志向性は，ここにも明瞭に現れている。逆に技術の自社開発に頼っているはずの，マレー系・インド系企業の技術開発費が伸び悩んでいる。

技術開発の困難・技術開発力の不足を挙げるマレー系が，企業の直面する困難としては，技術開発力の不足を，それほど深刻に考えていない事実，技術開発力の不足を強く意識している筈のインド系が，技術開発費の投下に消極的で，技術情報よりも市場情報の不足を痛感していることは，示唆的であ

る。マレー系・インド系にとって,技術は,企業の死命を制するほどのものではないということなのであろう。

表5-10　2000年時における技術開発費

			民族			合計
			マレー系	中国系	インド系	
	0.00RM	度数	24	12	17	53
		%	21.2%	10.0%	45.9%	19.6%
	100.00 - 999.00RM	度数	4	2	2	8
		%	3.5%	1.7%	5.4%	3.0%
	1000.00 - 9999.00RM	度数	31	14	12	57
		%	27.4%	11.7%	32.4%	21.1%
	10,000.00 - 99,999.00RM	度数	44	61	4	109
		%	38.9%	50.8%	10.8%	40.4%
	100,000.00RM以上	度数	10	31	2	43
		%	8.8%	25.8%	5.4%	15.9%
合計		度数	113	120	37	270
		%	100.0%	100.0%	100.0%	100.0%

(3) 新技術への理解と導入

こうした傾向は,新技術への理解度にも大変興味深い形で反映している。マレー系企業の場合,新技術について8割以上理解している割合は23.9%,5割以上理解している割合が31.0%%,併せて54.9%となっている。これに対して中国系の場合には,8割以上理解している割合が30.8%で,5割以上理解している割合がマレー系より20ポイント近く高い50.8%で,合わせて81.6%に達している。ちなみにインド系の場合には,8割以上理解している場合が27.0%,5割以上理解している割合が43.2%,合わせて70.2%となっていて,中国系に次ぐ理解を示している。

逆に,新技術に全く関心を持たないとする回答はマレー系が最も高く12.4%もあり,中国系が1.7%,インド系がゼロとなっている。全体的にみると,マレー系の新技術への理解が最も遅れていることが明らかになっている。

さらにITの導入状況についてみると,マレー系はITを導入した企業が40.7%に止まり,残りの60%近くの企業がまだ導入していないか,まだ計画していない状態となっている。中国系は55.0%の企業がすでにITを導入し

表5-11 新技術への理解

		民族			合計
		マレー系	中国系	インド系	
80%以上	度数	27	37	10	74
	%	23.9%	30.8%	27.0%	27.4%
50%以上	度数	35	61	16	112
	%	31.0%	50.8%	43.2%	41.5%
50%以下	度数	37	20	11	68
	%	32.7%	16.7%	29.7%	25.2%
興味無し	度数	14	2		16
	%	12.4%	1.7%		5.9%
合計	度数	113	120	37	270
	%	100.0%	100.0%	100.0%	100.0%

ている。インド系は積極的に導入した企業の割合が他の2つのグループより高く，56.8%である一方，まだ計画をしていない企業の割合も他の2つのグループより遙かに高く，29.7%で，インド系に特徴的な両極分解の構造が，ここにも表れている。

表5-12 ITの導入状況

		民族			合計
		マレー系	中国系	インド系	
導入済み	度数	46	66	21	133
	%	40.7%	55.0%	56.8%	49.3%
計画準備中	度数	45	36	5	86
	%	39.8%	30.0%	13.5%	31.9%
計画無し	度数	22	18	11	51
	%	19.5%	15.0%	29.7%	18.9%
合計	度数	113	120	37	270
	%	100.0%	100.0%	100.0%	100.0%

第4節 企業の発展とそれを支えた諸要因

以上みたような，それぞれに特徴的な企業経営行動の結果，企業成長力の差，企業発展の差が現れてくるわけであるが，各エスニック系経営者たちが，「経営を成功させる最も重要な要素」および「市場競争に勝ち抜く方法」をどのように考えているか，企業をどこまで発展させたいと考えているかに

ついてみると、興味深い傾向が読みとれる。

1 経営の成功において最も重要と思われる要因

企業経営者の持つ価値観なり人生観なりが、企業のあり方とどのように関わっているかという問題も、興味深い問題である。各グループで、ビジネスを成功させる上で最も重要な要因が、どのように受け止められているのかについてみると、大変興味深い傾向がみられる。この点について、いずれのグループも「経営知識と能力」を重視しているが、この点ではマレー系が最も低く、34.5％に止まり、中国系は最も高く、55.0％となっている。興味深いのは、従業員が勤勉に働くといわれるインド系企業の経営者のうち Hard working を重視する者が、18.9％と低いのに対して、マレー系で24.8％と高くなっていることである。足りないものを求める傾向の現れであろうか。最近 Hard working の重要性を認識しているマレー系経営者が増えていると言われるが、実際にそれが従業員の行動にまで浸透しているか否かはまた別

表5-13 経営を成功させる最も重要な要素

		民族			合計
		マレー系	中国系	インド系	
資金	度数	22	18	10	50
	%	19.5%	15.0%	27.0%	18.5%
運勢	度数		3	1	4
	%		2.5%	2.7%	1.5%
経営の知識と能力	度数	39	66	18	123
	%	34.5%	55.0%	48.6%	45.6%
政治権力の支持	度数	2		1	3
	%	1.8%		2.7%	1.1%
苦労に耐える精神	度数	28	10	7	45
	%	24.8%	8.3%	18.9%	16.7%
人間関係	度数	3	11		14
	%	2.7%	9.2%		5.2%
崇高な道徳精神	度数	18	12		30
	%	15.9%	10.0%		11.1%
その他	度数	1			1
	%	.9%			.4%
合計	度数	113	120	37	270
	%	100.0%	100.0%	100.0%	100.0%

の問題である。

　もう一つ興味深いのは,「友人の友人は友人」という中国的社会関係(これは中国大陸でも同様である)が示すように,社会の構成自体がネットワーク的であると言われている中国系で, 人間関係を重要とする割合が僅か9.2％しかなことである。同様の傾向は, 中国本土の企業と日本企業の間にもみられ, 中国企業が人間関係の形成をあまり重く見ていないのに対して, 日本企業がこれを重視している。中国社会ではこのような社会関係が重要な機能を果たしているにもかかわらず,彼らがそれを自然なこととしてあまり意識しない傾向があるのに対して, 日本企業の場合には, 人脈の形成に多大な努力を要し, 却ってその難しさと重要性が強く意識されているとみることができる。

　他方, ビジネスを成功に導く最も重要な要因として人間関係を意識しているインド系の経営者は, 皆無である。これは, インド系経営者の仕事ぶりの実態をそのまま反映していると見ることができよう。

　このように, アンケート調査のデータは, 実態をそのまま反映している場合と, 回答者の意識を反映している場合とが混在している。この点は, 面接調査その他の観察を活かして, 慎重に補いつつ解釈を進める必要がある。

2　市場競争に勝ち抜く方法

　この点についても各エスニック系経営者の行動に興味深い差が見られる。まず, 中国系ついでインド系の間に強く現れるのは, 価格競争への志向である。市場競争で効果的な方法として「質を維持し価格を下げる」を挙げるもの, 中国系53.3％, インド系48.6％に対して, マレー系は, 38.9％となっている。これに対して, 市場の需要を的確に把握しようとするもの, すなわち,「市場の需要に応じて製品を変える」は, マレー系が33.6％, 中国系19.2％, インド系13.5％となっている。

　次に興味深いのは,「関係部門の重要人物を利用する」が, ブミプトラ政策による支援の対象であるマレー系に最も少なく12.4％, ネットワーク型社会関係を維持する中国系でも, 14.2％であるのに対して, インド系が, 32.4

表5-14 市場競争の中で最も効果的な方法

			民族			合計
			マレー系	中国系	インド系	
質を維持し，価格を下げること		度数	44	64	18	126
		%	38.9%	53.3%	48.6%	46.7%
質を上げて価格を上げること		度数	16	12	1	29
		%	14.2%	10.0%	2.7%	10.7%
関係部門の重要な人物を利用すること		度数	14	17	12	43
		%	12.4%	14.2%	32.4%	15.9%
市場の需要に応じて製品を変えること		度数	38	23	5	66
		%	33.6%	19.2%	13.5%	24.4%
その他		度数	1	4	1	6
		%	.9%	3.3%	2.7%	2.2%
合計		度数	113	120	37	270
		%	100.0%	100.0%	100.0%	100.0%

%となっていることである。しかし，これは「効果的方法」についての意見であり，実際にインド系がコネを活用してビジネス活動を行っていることを必ずしも意味しない。これは，羨望の表現とみることもできよう。

企業をどこまで成長させたいかについては，アンケート調査では設問していない。面接調査で窺い知るのみであるが，マレー系の望みがそれほど大きくないこと，アンケート調査でインド系が利潤の再投資に消極的である事実などを考え合わせると，マレー系・インド系企業の成長への志向性は，比較的慎ましやかであると思われる。これに対して，中国系の中にはかなり野心的な企業がみられる。このことは，マレー系やインド系がその宗教的理念への手段としてビジネスをとらえる傾向が強いことと無関係ではない。つまりこの問題には，人生の目的に深く関わる宗教観のあり方が，大きく反映しているように思われる。次の「目標の達成・夢の実現」にみるように，中国系にみられる「終生ビジネス志向」や「ビジネスの自己目的化」の傾向を考え合わせると，中国系が，より強く発展を望んでいると考えるのは自然である。しかし，中国系企業のすべてがそうであるわけではないし，また経営者の子弟の多くが，マレーシアでは地位の高い医師や弁護士など知的職業を志向する傾向もみられ，このような発展志向は，中国系企業の1つの特徴ではあるが，それを何よりもつよく望むのは，中国系企業の一部にみられる傾向

3 目標の達成・夢の実現

それぞれのエスニック集団にとって、ビジネスの持つ意味は、彼らの人生における最も重要な目標または夢のあり方と大きく関わっている。もっとも大切な信条として、「神・仏の存在」と回答したのは、マレー系経営者の85.8%、インド系で67.6%に達しているが、中国系では28.3%しかいない。しかも、中国系の場合、なぜか「富の神様」となってしまった三国志の英雄、関羽の像を祀るなど、現世利益的なものが多い。

マレー系のイスラム教徒たちにとって、聖地への巡礼を果たすことが最も重要な夢であり、ビジネスはそれを可能にする手段の1つに過ぎない。また、あるインド系の経営者は、引退した後、もっと宗教について学び、瞑想の生活を送ること、家族とともに過ごす時間を多く持つことがその夢であった。これに対して、ある成功した中国系の経営者は、「引退後何をしたいか」という質問に対して、「世界旅行をしたい」、「世界旅行をすれば、また新し

表5-15 最も大切な信条

		民族			合計
		マレー系	中国系	インド系	
神・仏の存在	度数	97	34	25	156
	%	85.8%	28.3%	67.6%	57.8%
宗教思想	度数	7	12		19
	%	6.2%	10.0%		7.0%
来世生まれ変わり	度数		7	2	9
	%		5.8%	5.4%	3.3%
占い	度数		2	4	6
	%		1.7%	10.8%	2.2%
自分を信じる	度数	9	63	3	75
	%	8.0%	52.5%	8.1%	27.8%
無し	度数		1	3	4
	%		.8%	8.1%	1.5%
その他	度数		1		1
	%		.8%		.4%
合計	度数	113	120	37	270
	%	100.0%	100.0%	100.0%	100.0%

いビジネスチャンスが見つかるかもしれない」と答えている。これは，中国系経営者の間で目立つビジネスの自己目的化と終生ビジネス志向をコミカルに表している。

　また，もっとも大切な信条として「自分自身を信じる」と回答した中国系は52.2%と，過半数を超えている。これに対してマレー系とインド系は，この回答が非常に少なく，それぞれ8.0%と8.1%である。

第5節　小括

　企業経営行動の発展局面に沿って特徴を整理すると，各エスニック集団の行動に，明白に異なるパターンがみられる。
　① 独立以後，マレー系はブミプトラ政策の支えで企業活動に進出しはじめている。しかし，中国系に比較すると，資本規模や技術力などの面においてまだかなり遅れを取っている。
　② インド系は，利潤の再投資をせず，技術開発費も投下せず，限られた得意分野で成果を上げている。純利益の多くは配当に回されており，マレーシア経済におけるそのウエイトは小さくかつ横ばいである。
　③ マレー系・インド系は，技術志向性が低く（一部のインド系をのぞく），中国系は技術重視傾向が強い。中国系は，創業者自身，勤務中に技術・ノウハウを身につけて独立し，技術者を多く雇い，技術開発費を多く投下している。
　④ 中国系の技術志向性の強さは，ハイテク産業を含め，将来多様な新産業に拡散的に進出・発展し，産業界に一層重きをなす可能性を持っている。

第6章
エスニック集団の社会関係および価値観の比較分析

　この章では，企業経営行動に影響を及ぼすと考えられる，社会・文化的環境を扱う。ここでは，各エスニック集団の企業経営行動に影響を及ぼす企業経営主体の価値観の形成基盤としての家庭および密接な関係にある交友集団を，母親へのアンケート調査に基づいて比較分析し，その特徴を明らかにしようとする。また，初・中等教育，とくに華語学校のビジネスへの役割については，面接調査で得られた結果を基に検討する。初めにまず，価値や意識について論ずる場合の難しさについて触れておかなければならない。

第1節　文化論的考察の難しさ

　企業経営行動と文化とのかかわりについて考察することは，様々な困難な問題を含んでいる。この点についてまず考察しておきたい。

難しさ1：個別性と共通性の問題の複雑さ
　行動主体の価値観は，以下に示すように，家庭・交友関係・エスニック集団・社会・グローバル・スタンダードなど，多様な環境のもとで，行動とそれに対する様々なリアクションからの学習を通じて形成される。こうして，彼らの価値観は，エスニック性をその核に持ちながら，主として幼時における限られた範囲での行動と学習，長じて後のより広い範囲での行動と学習など，日々の体験・学習の中で再構成されてゆく。そこでは，個性と共通性が

複雑に絡み合っている。

```
主体の性格←→行動とリアクション：家庭・交友関係・エスニック集
                                団・社会・グローバル・スタン
        ↓                        ダード
  価値・態度の形成←ーーーー限られた範囲での行動とリアクション
                    {       成功体験・失敗体験・学習
  価値・態度の変容←ーーーーより広い範囲での行動とリアクション
価値観：
グローバル・スタンダード  ーーーーーーーーーーーー→
                }      ↓   ↓          ↓経験学習
エスニック・スタンダード   ーー＞交友・家庭ーーー＞主体
```

難しさ2：文化要素の共有

「型」の形成は，一定の範囲の人々が，文化要素を共有することから生ずると考えられるが，「共有」という言葉にも難しい問題が含まれている。この言葉は，完全な意味では，関係するすべての人々が，すべての要素を，排他的に共有することを意味する。しかし，現実はもっと複雑であり，この条件をどうゆるめるかは，かなり難しい問題をはらんでいる。多くの人びとが，文化要素の異なる部分を異なる程度に「分かち持ち」つつ，総体として共通性を作り出しているとする考え方は，1つの解釈として納得しやすい。彼らが，情報の解釈コードを共有し，相互の違いを含めて互いに意思を無理なく疎通できる（外国文化に触れた場合，究極のところ言語の学習だけではすまない文化の問題に突き当たるのは，このことと関係があると思われる）ことが文化の共通性を保証すると考えられる。

他方，条件をゆるめることで曖昧さが生じ，これを科学的厳密性によって処理することが難しくなる。経済・経営関係の研究者も，これまで厳密思考を理想として志向する場合が多く，複雑系の考え方が受け入れられるようになるまでは，文化的要因の導入を忌避する傾向が強くみられたが，この傾向

難しさ３：抽象化された言葉と言葉の具体的意味の違いの問題

　文化の問題を扱う場合，言葉の具体的意味について十分に検討する必要がある。一例として「我慢強さ」や「勤勉」という言葉は，それ自身一つの抽象であり，中国的我慢強さと，ドイツ的我慢強さは，同一内容とは考えにくく，我慢強さの中身にまで入って分析する必要が生ずる。
一口に「我慢強さ」といっても，例えば
　①目的に執着する「我慢強さ」：あの手この手の攻略を生み出す我慢強さ，
　②目的と，そこに至る過程に執着する「我慢強さ」
　③目的よりも過程に執着する「我慢強さ」などがあり，
また，「勤勉」といってもそのレベルの受け止め方だけでなく，言われたことをまじめに果たす勤勉や，目標に向かってあの手この手で励むタイプの「勤勉」も考え得る。しかしアンケート調査などで，これを弁別するのはきわめて難しい。

難しさ４：意識と実態とのズレ

　意識調査に携わっていると奇妙な現象にぶつかる。ある民族に非常に強い傾向をその民族があまり意識していないことがある。その文化に浸っていると，自らの文化的特徴が見えなくなるのであろう。筆者のいう　Ａ－Ｂ－Ｃ関係すなわち，「友人の友人は友人」という中国人に顕著な傾向は，企業経営その他においてきわめて重要な役割を果たしているにも関わらず，中国人の目にはその特異性が映りにくい。この問題で苦労している日本人の方が，その重要性を強く意識しているといった現象である。このため，意識調査の検討には，意識と実態とのズレには，十分注意する必要がある。

難しさ５：レベルの違いがもたらす困難

　例えば，勤勉とか計画性といった言葉のイメージが，国により，エスニック集団によって異なっている可能性があり，実態としてはそれほど勤勉でな

くても勤勉であると意識する場合があり,相当に勤勉でも「まだまだ」とみる場合があるなど,判定基準の主観性は避けがたく,異なるエスニック集団に対する意識調査などにおいては,十分に注意する必要がある。次にみるアンケート調査の結果は,この問題の難しさを証明している。

第2節　調査の対象と方法

1　調査を実施した理由

経営者面接調査の中で,子供の価値観の形成や将来の職業選択は,家庭教育の影響が非常に重要という証言を多数得た。そこで,各エスニック系の家庭教育の特徴や価値観の形成に影響を及ぼす社会関係,エスニック系の間に見られる価値観の差異を明らかにするために,アンケートを実施した。

2　サンプルの選択

職業の構成が,エスニック集団によって大きく異なるので,対象をマネージメントクラスに限定した。エスニック集団の比較でなく,職業の比較になってしまうのは,調査の趣旨に反するので,このような方針をとった。同様の趣旨および子供とのかかわりの密接さから,母親を対象に調査した。このため,アンケートから得られた結果は,エスニック集団の間にみられる価値観の相違が,現実の価値観の相違よりもかなり狭められて反映されている可能性がある。ビジネスに携わる人々がそのことによって受ける影響が,エスニック集団間の格差を縮小する可能性があると考えられるからである。

都市居住の多い中国系,ついでインド系に対して,農村居住の多いマレー系を無差別に比較すると,都市と農村の比較になる危険があるので,マレー系については,両者のバランスを取るように配慮した。これは,都市化によるマレー系の価値観の変化を確かめる上でも役に立つと思われる。

3 調査方法

マレーシア科学大学経営学部3年生（そのほとんどがマネージメントクラスの出身である）の協力を得，調査の意味を十分に説明した上で，母親および親類の中から1名，計2名を選び，学生による直接インタビューの形で，回答を得た。

調査プロジェクトマネジャー　岩田奇志
質問項目作成　　岩田奇志
調査期間　　　　2002年10月～2003年1月
研究協力者　　　Intan Osman

サンプル数　　小計　940ケース，
　　（内マレー系380ケース，中国系360ケース，インド系200ケース）。

4 主な質問項目

社会関係
　(1) 居住地周辺の混住状況
　(2) 他民族と結婚した家族の人数
　(3) どの民族の友達が最も多いか
　(4) 困難な時，どの民族の友達が助けてくれるか
　(5) 友達の間に最も多い助けあい
　(6) 友達に最も多い職業

家族関係
　(1) 親戚が近所に住んでいるか
　(2) 集まった時，よくでる話題
　(3) 家族に最も多い職業
　(4) 金銭的に難渋している家族を助けるか
　(5) 金銭的に難渋している友達を助けるか

上昇志向とビジネスへの評価

(1) 社会的に地位を上げることが夢である
(2) 社会的地位を評価する最も重要な要素
(3) 社会地位を上げるには最も重要な努力
(4) 重要と思う職業の順位

職業観
(1) 望ましい職業
(2) 望ましい職業のタイプ
(3) 貴方はいつか自分の商売を始めることを考えたことがあるか

競争性
(1) 貴方は同期の同僚が先に昇進したら，気になるか
(2) 貴方は同期の同僚が先に昇給したら，気になるか
(3) 非常に競争的な人をどう思うか

勤勉への評価
(1) 勤勉であることをどう思うか
(2) 貴方の1日の勤務時間
(3) 労働時間を厳守すべきであるか

計画性
(1) 物事を計画を立てて実行する傾向があるか
(2) 計画を作成する時，最も重要なことは何であるか

リスクテーキング
(1) 勤務先で仕事を覚えたら，独立して自分の企業をつくる人をどう思うか
(2) 望ましい職業のタイプ

教育方針
(1) 子供の人数
(2) 理想の子供の人数
(3) 子供の将来に不安を感じるか
(4) 理想の小学校
(5) 実際に子供が通った小学校

(6) 理想の中学校
　(7) 実際に通った中学校
　(8) 子供の学校成績を気にするか
　(9) 子供を塾に入れるか
　(10) 塾での勉強科目
　(11) 子供の宿題に干渉するか
　(12) 貴方は子供によい教育を与えるために，できるだけ節約するか
子供の職業への期待
　(1) 子供の職業への希望
　(2) 実際の子供の職業
基本的な人生観と宗教意識
　(1) 貴方にとって人生の最も重要な事柄は
　(2) 子供を宗教塾に通わせるか
　(3) 子供を週に何時間宗教塾に通わせるか

第3節　調査から得た結果

　アンケート調査も，事実関係やそれに対する態度などに関しては，比較的鮮明な結果を得ることができる。

1　社会関係：地域的棲み分けと職業的な偏りの現状

　民族の融合を阻む地域的棲み分けと職業的な偏りは，次第に改善されているが，なおかなりの程度残っている。

1)　居住地周辺の状況

　インド系は異なった民族の混住地域に住む割合が最も高く，85.5% に達している。これはインド系が少数派である上に，都市居住志向が強い結果である。中国系は58.9%が混住地域に住んでいる。マレー系は47.6%が混住地域に住んでいる。

144　第6章　エスニック集団の社会関係および価値観の比較分析

表6-1　居住地周辺の混住状況

			民族			合計
			マレー系	中国系	インド系	
	同一民族	度数	197	147	24	368
		%	51.8%	40.8%	12.0%	39.1%
	異なった民族	度数	181	212	171	564
		%	47.6%	58.9%	85.5%	60.0%
	その他	度数	2	1	5	8
		%	0.5%	0.3%	2.5%	.9%
合計		度数	380	360	200	940
		%	100.0%	100.0%	100.0%	100.0%

2)「希望する居住地域」

このような傾向は，彼らの意識にも大きく反映している。混住都市および混住農村に居住を希望する者をあわせると，マレー系は50.8%，中国系は55.3%となり，最も高いのはインド系で，79.0%とほぼ実態と近い数字が示される。

表6-2　希望する居住地域

			民族			合計
			マレー系	中国系	インド系	
	同一民族の都市地域	度数	82	119	24	225
		%	21.6%	33.1%	12.0%	23.9%
	同一民族の農村地域	度数	105	42	18	165
		%	27.6%	11.7%	9.0%	17.6%
	異なった民族の都市地域	度数	136	158	127	421
		%	35.8%	43.9%	63.5%	44.8%
	異なった民族の農村地域	度数	57	41	31	129
		%	15.0%	11.4%	15.5%	13.7%
合計		度数	380	360	200	940
		%	100.0%	100.0%	100.0%	100.0%

面接調査の中で指摘された「マラヤに来たタミール系の都市居住志向」はこのデータによっても確認される。すなわち，インド系は都市での居住を希望する者が75.5%にも上り，この傾向は依然として強く維持されている。

マレー系は都市居住希望者が57.4%にのぼっており，約60%に迫っている。マレーシア独立当時，約80%のマレー系が農村に居住し，それを好ん

でいたことを考えると，経済発展とともに，マレー系人口の都市化が急速に進みつつあることが感じられる。

3) 多民族間の社会関係と文化的コミュニケーションの欠如

しかし，重要なことは，以上の様な地域的な混住形態の進行にもかかわらず，異なった民族間の文化的コミュニケーションは，決して活発とはいえず，通婚も非常に少ないという事実である。

表6-3 どの民族の友達が最も多いか

			民族			合計
			マレー系	中国系	インド系	
	マレー系	度数	332	20	24	376
		%	87.4%	5.6%	12.0%	40.0%
	中国系	度数	29	326	46	401
		%	7.6%	90.6%	23.0%	42.7%
	インド系	度数	1		123	124
		%	.3%		61.5%	13.2%
	混合	度数	18	14	7	39
		%	4.7%	3.9%	3.5%	4.1%
合計		度数	380	360	200	940
		%	100.0%	100.0%	100.0%	100.0%

異なった民族の人々が友人になるケースはかなり見られる。他民族の友人を持つ割合は，インド系が最も高く，39.5%，マレー系が12.6%，中国系が

表6-4 困難の時，どの民族の友達が助けてくれるか

			民族			合計
			マレー系	中国系	インド系	
	マレー系	度数	354	7	14	375
		%	93.2%	1.9%	7.0%	39.9%
	中国系	度数	11	344	26	381
		%	2.9%	95.6%	13.0%	40.5%
	インド系	度数	4	1	154	159
		%	1.1%	.3%	77.0%	16.9%
	混合	度数	11	8	6	25
		%	2.9%	2.2%	3.0%	2.7%
合計		度数	380	360	200	940
		%	100.0%	100.0%	100.0%	100.0%

最も低く，9.4%となっている。しかし，マレー系と中国系の間では，お互いに助け合うところまでは行っておらず，助け合いは同一民族の友人に限定されている。困難な時，助けてくれる友人を民族別に見ると，マレー系は93.2%，中国系は95.6%，それぞれ自分の民族の友人が助けてくれると回答している。少数派のインド系は他民族からの助けが必要で，他民族に助けてもらう者の割合がエスニック集団の中で最も高く，23.0%となっている。

4) 同一民族の集住と交流

表 6-5　親戚が近所に住んでいるか

			民族			合計
			マレー系	中国系	インド系	
	はい	度数	299	265	144	708
		%	78.7%	73.6%	72.0%	75.3%
	いいえ	度数	81	95	56	232
		%	21.3%	26.4%	28.0%	24.7%
合計		度数	380	360	200	940
		%	100.0%	100.0%	100.0%	100.0%

表 6-6　家族・親戚がよく集まるか

			民族			合計
			マレー系	中国系	インド系	
	よく	度数	231	204	85	520
		%	60.8%	56.7%	42.5%	55.3%
	時々	度数	123	130	89	342
		%	32.4%	36.1%	44.5%	36.4%
	まれに	度数	23	25	25	73
		%	6.1%	6.9%	12.5%	7.8%
	滅多にない	度数	3	1	1	5
		%	.8%	.3%	.5%	.5%
合計		度数	380	360	200	940
		%	100.0%	100.0%	100.0%	100.0%

反面，それぞれの民族内部の集住と交流は活発である。家族・親戚が周辺に居住し，よく集まり，お互いに助け合う傾向が強くみられる。家族の中で公務員が最も多いマレー系，経営者が最も多い中国系が，それぞれ別々に互いに常々交流しているということは，職業の選択に大きく影響せざるを得な

2 上昇志向・職業観

次に人々の活発な努力に結びつくと思われる社会的上昇志向についてみると，予想に反して，上昇志向は，マレー系，ついでインド系で強く，中国系には，それほど強く表れていない。気楽な生活を好むといわれるマレー系の上昇志向が強く，がんばりやの中国系のそれが低いというのは，理解しがたいが，この点は，面接調査で表明された見解とはちょうど逆になっている。

表6-7 社会的地位を上げることが夢であるか

			民族			合計
			マレー系	中国系	インド系	
	まことにそう思う	度数	196	118	89	403
		%	51.6%	32.8%	44.5%	42.9%
	幾分はそう思う	度数	79	85	55	219
		%	20.8%	23.6%	27.5%	23.3%
	それほど思わない	度数	54	72	36	162
		%	14.2%	20.0%	18.0%	17.2%
	気にしない	度数	51	85	20	156
		%	13.4%	23.6%	10.0%	16.6%
合計		度数	380	360	200	940
		%	100.0%	100.0%	100.0%	100.0%

1) 社会的地位を判断する基準

まず，社会的地位を判断する重要な基準は，どのエスニック集団も学歴・資産・収入の順となっている。社会的地位を上げるために最も重要な方法は，「節約して子供に教育を与える」とするのがどの民族ももっとも多い。

表 6-8　社会的地位を判断する上で最も重要な要素

			民族		合計
			マレー系	中国系	インド系	
資産	度数	56	59	34	149
	％	14.7％	16.4％	17.0％	15.9％
高等教育	度数	186	120	97	403
	％	48.9％	33.3％	48.5％	42.9％
収入	度数	45	47	22	114
	％	11.8％	13.1％	11.0％	12.1％
親の地位	度数	23	36	25	84
	％	6.1％	10.0％	12.5％	8.9％
職業の種類	度数	25	36	11	72
	％	6.6％	10.0％	5.5％	7.7％
企業経営の成功	度数	29	39	9	77
	％	7.6％	10.8％	4.5％	8.2％
組織上の地位	度数	11	18	1	30
	％	2.9％	5.0％	.5％	3.2％
所属組織の社会的地位	度数	5	5	1	11
	％	1.3％	1.4％	.5％	1.2％
合計	度数	380	360	200	940
	％	100.0％	100.0％	100.0％	100.0％

表 6-9　社会的地位を改善するのにどのような努力が重要か

			民族		合計
			マレー系	中国系	インド系	
お金を節約して子供にできるだけよい教育を与える	度数	359	332	171	862
	％	94.5％	92.2％	85.5％	91.7％
アイディアと運	度数	19	15	22	56
	％	5.0％	4.2％	11.0％	6.0％
友人との助けあい	度数	1	5	7	13
	％	.3％	1.4％	3.5％	1.4％
家族の助けあい	度数		4		4
	％		1.1％		.4％
有力とのコネ	度数	1	4		5
	％	.3％	1.1％		.5％
合計	度数	380	360	200	940
	％	100.0％	100.0％	100.0％	100.0％

2) 職業の重要性

「重要と思う職業の順位」の回答上位3位までの累積でみると，多い順に，

マレー系：医師（57.1%）・公務員（34.1%）・弁護士（33.4%）・イマーム（32.6%）・学校教師（32.8%）・技術者（30.7%）・経営者（27.1%），

中国系： 医師（62.8%），弁護士（48.0%）・経営者（42.8%）・学校教師（35.3%）・技術者（31.2%）公務員（17.7%）となっている。

インド系：医師（62.5%）・弁護士（44.5%）・技術者（38.5%）・学校教師（34.5%）・公務員（29.5%）・経営者（23.0%）となっている。医師・弁護士は

表6-10　重要と思う職業の順位第1位

		民族			合計
		マレー系	中国系	インド系	
イマーム	度数	78	12	10	100
	%	20.5%	3.3%	5.0%	10.6%
公務員	度数	45	16	16	77
	%	11.8%	4.4%	8.0%	8.2%
農家	度数	6	4	4	14
	%	1.6%	1.1%	2.0%	1.5%
経営者	度数	39	85	16	140
	%	10.3%	23.6%	8.0%	14.9%
学校教師	度数	32	51	23	106
	%	8.4%	14.2%	11.5%	11.3%
医師	度数	97	110	69	276
	%	25.5%	30.6%	34.5%	29.4%
弁護士	度数	17	25	13	55
	%	4.5%	6.9%	6.5%	5.9%
軍人	度数	4	3	2	9
	%	1.1%	.8%	1.0%	1.0%
政治家	度数	21	18	4	43
	%	5.5%	5.0%	2.0%	4.6%
技術者	度数	30	19	18	67
	%	7.9%	5.3%	9.0%	7.1%
商店主	度数	4	13	24	41
	%	1.1%	3.6%	12.0%	4.4%
その他	度数	7	4	1	12
	%	1.8%	1.1%	.5%	1.3%
合計	度数	380	360	200	940
	%	100.0%	100.0%	100.0%	100.0%

どのエスニック集団でも高いが，公務員と経営者の評価には，エスニック集団によって大きな差がみられる。

表6-11 重要と思う職業の順位2位

			民族			合計
			マレー系	中国系	インド系	
	イマーム	度数	27	4	9	40
		%	7.1%	1.1%	4.5%	4.3%
	公務員	度数	48	23	20	91
		%	12.6%	6.4%	10.0%	9.7%
	農家	度数	12	10	8	30
		%	3.2%	2.8%	4.0%	3.2%
	経営者	度数	26	31	16	73
		%	6.8%	8.6%	8.0%	7.8%
	学校教師	度数	53	41	29	123
		%	13.9%	11.4%	14.5%	13.1%
	医師	度数	69	81	30	180
		%	18.2%	22.5%	15.0%	19.1%
	弁護士	度数	57	86	62	205
		%	15.0%	23.9%	31.0%	21.8%
	軍人	度数	17	6	5	28
		%	4.5%	1.7%	2.5%	3.0%
	政治家	度数	18	7	4	29
		%	4.7%	1.9%	2.0%	3.1%
	技術者	度数	34	29	13	76
		%	8.9%	8.1%	6.5%	8.1%
	商店主	度数	13	38	3	54
		%	3.4%	10.6%	1.5%	5.7%
	その他	度数	6	4	1	11
		%	1.6%	1.1%	.5%	1.2%
合計		度数	380	360	200	940
		%	100.0%	100.0%	100.0%	100.0%

表 6-12 重要と思う職業の順位 3 位

			民族			合計
			マレー系	中国系	インド系	
	イマーム	度数	19	3	10	32
		%	5.0%	.8%	5.0%	3.4%
	公務員	度数	37	25	23	85
		%	9.7%	6.9%	11.5%	9.0%
	農家	度数	6	7	12	25
		%	1.6%	1.9%	6.0%	2.7%
	経営者	度数	38	38	14	90
		%	10.0%	10.6%	7.0%	9.6%
	学校教師	度数	40	35	17	92
		%	10.5%	9.7%	8.5%	9.8%
	医師	度数	51	71	26	148
		%	13.4%	19.7%	13.0%	15.7%
	弁護士	度数	53	62	14	129
		%	13.9%	17.2%	7.0%	13.7%
	軍人	度数	20	15	16	51
		%	5.3%	4.2%	8.0%	5.4%
	政治家	度数	24	17	14	55
		%	6.3%	4.7%	7.0%	5.9%
	技術者	度数	53	64	46	163
		%	13.9%	17.8%	23.0%	17.3%
	商店主	度数	33	17	7	57
		%	8.7%	4.7%	3.5%	6.1%
	その他	度数	6	6	1	13
		%	1.6%	1.7%	.5%	1.4%
合計		度数	380	360	200	940
		%	100.0%	100.0%	100.0%	100.0%

3 競争性・計画性・勤勉とリスクテーキングへの評価

競争性・計画性・と勤勉への評価には，それほど大きな差がみられない。

1) 競争性

「あなたは同期の同僚が先に昇進したら気になるか」「あなたは同期の同僚が先に昇給したら気になるか」という質問に対して，「非常に気になる」のはマレー系 35.5%，42.1%，中国 30.0%，36.9%，インド系 27.5%，31.5%

で，むしろマレー系に強く表れている。

表6-13 あなたは同期の同僚が先に昇進したら，気になるか

			民族			合計
			マレー系	中国系	インド系	
	非常に	度数	135	108	55	298
		%	35.5%	30.0%	27.5%	31.7%
	少し	度数	199	207	103	509
		%	52.4%	57.5%%	51.5%%	54.1%
	全然	度数	42	43	41	126
		%	11.1%	11.9%	20.5%	13.4%
	その他	度数	4	2	1	7
		%	1.1%	.6%	.5%%	.7%
合計		度数	380	360	200	940
		%	100.0%	100.0%	100.0%	100.0%

「非常に競争的な人をどう思うか」という質問に対しては，これを高く評価する者，マレー系47.1%，中国系36.9%，インド系25.5%，マレー系の評価が最も高い。歴史的に静かなカンポンで自給自足的な生活を送ってきたマレー系に大きな意識の変化が窺われる。マレー系が，競争を嫌い，競争を避けるという指摘は，マレー系を始め中国系・インド系識者からも，しばしば表明されているからである。

表6-14 あなたは同期の同僚が先に昇給したら，気になるか

			民族			合計
			マレー系	中国系	インド系	
	非常に	度数	160	133	63	356
		%	42.1%	36.9%	31.5%	37.9%
	少し	度数	181	190	102	473
		%	47.6%	52.8%	51.0%	50.3%
	全然	度数	36	35	34	105
		%	9.5%	9.7%	17.0%	11.2%
			3.8%	3.7%	3.6%	11.2%
	その他	度数	3	2	1	6
		%	.8%	.6%	.5%	.6%
合計		度数	380	360	200	940
		%	100.0%	100.0%	100.0%	100.0%

第3節　調査から得た結果

表6-15　非常に競争的な人をどう思うか

			民族			合計
			マレー系	中国系	インド系	
	尊敬する	度数	179	133	51	363
		%	47.1%	36.9%	25.5%	38.6%
	評価する	度数	138	121	96	355
		%	36.3%	33.6%	48.0%	37.8%
	気にとめない	度数	51	85	43	179
		%	13.4%	23.6%	21.5%	19.0%
	好きになれない	度数	10	19	9	38
		%	2.6%	5.3%	4.5%	4.0%
	好きになれない	度数	2	2	1	5
		%	.5%	.6%	.5%	.5%
合計		度数	380	360	200	940
		%	100.0%	100.0%	100.0%	100.0%

2) 計画性

「私は物事を計画を立てて実行する傾向がある」という設問に対して，「いつもそうしている」マレー系49.2％，中国系44.7％，インド系46.0％でマレー系が最も高いが，大きな差はみられない。この点も，後にみるように，面接調査との間に大きな開きがある。

表6-16　私は計画を立てて物事を実行する傾向がある

			民族			合計
			マレー系	中国系	インド系	
	いつもそうしている	度数	187	161	92	440
		%	49.2%	44.7%	46.0%	46.8%
	時にそうしている	度数	173	168	88	429
		%	45.5%	46.7%	44.0%	45.6%
	めったにしない	度数	15	24	14	53
		%	3.9%	6.7%	7.0%	5.6%
	全然しない	度数	1	5	5	11
		%	.3%	1.4%	2.5%	1.2%
	その他	度数	4	2	1	7
		%	1.1%	.6%	.5%	.7%
合計		度数	380	360	200	940
		%	100.0%	100.0%	100.0%	100.0%

3) 勤勉への評価

「勤勉であることをどう思うか」という質問に対して，「非常によい」が，

マレー系36.8%，中国系25.6%，インド系40.0%と，中国系が低く，インド系が高くなっている。ここで「勤勉」の意味が重要となるが，面接調査では，インド系の現場労働者は非常に勤勉に働くという指摘が，しばしばなされており，この結果と一致している。問題は，目標に向かってあらゆる努力を惜しまないといわれる中国系の「勤勉さ」をどのように評価するのかということである。中国系は，このような行動を勤勉であるとは思っていないフシがある。

表6-17　勤勉であることをどう思うか？

		民族			合計
		マレー系	中国系	インド系	
非常に良い	度数	140	92	80	312
	%	36.8%	25.6%	40.0%	33.2%
良い	度数	213	243	106	562
	%	56.1%	67.5%	53.0%	59.8%
全く賛成しない	度数	4	7	11	22
	%	1.1%	1.9%	5.5%	2.3%
賛成しない	度数	1	4		5
	%	.3%	1.1%		.5%
別に何とも思わない	度数	16	12	2	30
	%	4.2%	3.3%	1.0%	3.2%
その他	度数	6	2	1	9
	%	1.6%	.6%	.5%	1.0%
合計	度数	380	360	200	940
	%	100.0%	100.0%	100.0%	100.0%

4）　自立・創業への評価

面接調査のなかで，中国系の顕著な特徴としてしばしば指摘された傾向，すなわち「勤め先で技術や管理のノウハウを覚えて独立」するという行動に対して，「尊敬する」および「自分もそうありたい」とする回答の間には，興味深い差がみられる。すなわち，マレー系の場合，38.9%と26.8%で12ポイント以上の差がある。これに対して中国系の場合には，29.2%，27.2%と僅か2ポイントの差しかない。インド系は27.5%と19.5%，8ポイントの差となって中間にくる。マレー系は，このような中国系に多いと思われる行動に対して，中国系以上にこれを尊敬しながら，これを自分のこととして考えない傾向がみられるのに対して，中国系は，まさに，これを自分の問題と

して考えていることが窺われる。

表6-18 勤務先で仕事を覚えたら，独立して自分の会社をつくる人をどう思うか

			民族			合計
			マレー系	中国系	インド系	
	尊敬する	度数	148	105	55	308
		%	38.9%	29.2%	27.5%	32.8%
	自分もそうありたい	度数	102	98	39	239
		%	26.8%	27.2%	19.5%	25.4%
	現在の組織でいい仕事をしたい	度数	13	18	17	48
		%	3.4%	5.0%	8.5%	5.1%
	リスクが伴うので，慎重であるべきだ	度数	12	30	27	69
		%	3.2%	8.3%	13.5%	7.3%
	リスクが伴うが，やる価値がある	度数	41	46	35	122
		%	10.8%	12.8%	17.5%	13.0%
	収入が増えるなら結構なことだ	度数	60	61	26	147
		%	15.8%	16.9%	13.0%	15.6%
	その他	度数	4	2	1	7
		%	1.1%	.6%	.5%	.7%
合計		度数	380	360	200	940
		%	100.0%	100.0%	100.0%	100.0%

5) ビジネス志向

表6-19 あなたはいつか自分の商売を始めることを考えたことがあるか

			民族			合計
			マレー系	中国系	インド系	
	心から願っている	度数	180	172	87	439
		%	47.4%	47.8%	43.5%	46.7%
	夢である	度数	42	63	27	132
		%	11.1%	17.5%	13.5%	14.0%
	時に考える	度数	156	123	85	364
		%	41.1%	34.2%	42.5%	38.7%
	その他	度数	2	2	1	5
		%	.5%	.6%	.5%	.5%
合計		度数	380	360	200	940
		%	100.0%	100.0%	100.0%	100.0%

「貴方はいつか自分の商売を始めることを考えたことがありますか？」という質問に対して，「心から願っている」とする者がどの民族も高く40％以上である。にもかかわらず，「自分にとって望ましい職業」という質問に対

しては，高い方からマレー系は公務員が21.8％，経営者17.6％が高く，中国系が公務員7.2％，経営者32.5％，インド系は医師24.0％，経営者16.0％，公務員11.5％となっている。ちなみに，医師は各エスニック集団とも「望ましい」と考えている者が多く，マレー系20.3％，中国系22.8％，インド系24.0％と1/5から1/4に達している。

表6-20　望ましい職業の順位1位

			民族			合計
			マレー系	中国系	インド系	
	公務員	度数	83	26	23	132
		％	21.8％	7.2％	11.5％	14.0％
	短大・大学の教師	度数	41	23	26	90
		％	10.8％	6.4％	13.0％	9.6％
	小・中・高校教師	度数	32	34	16	82
		％	8.4％	9.4％	8.0％	8.7％
	自営業	度数	67	117	32	216
		％	17.6％	32.5％	16.0％	23.0％
	小商店主	度数	9	7	2	18
		％	2.4％	1.9％	1.0％	1.9％
	技術者	度数	40	20	27	87
		％	10.5％	5.6％	13.5％	9.3％
	弁護士	度数	19	35	22	76
		％	5.0％	9.7％	11.0％	8.1％
	医師	度数	77	82	48	207
		％	20.3％	22.8％	24.0％	22.0％
	事務労働者	度数	8	4	1	13
		％	2.1％	1.1％	.5％	1.4％
	工場労働者	度数		3		3
		％		.8％		.3％
	農家	度数		1		1
		％		.3％		.1％
	その他	度数	4	8	3	15
		％	1.1％	2.2％	1.5％	1.6％
合計		度数	380	360	200	940
		％	100.0％	100.0％	100.0％	100.0％

4　子供への期待と教育

マレー系は他の2つの民族より子供の教育，例えば，宿題・学校の成績を

非常に気にしている。中国系に負けないほど，子供を塾に入れる。子供の将来の望ましい職業は公務員で，43.7％と最も高い。インド系の場合はこれが34.0％である。中国系の場合14.7％，逆に経営者への希望が最も高く，28.1％となっている。

表6-21 子供を塾に入れるか

			民族			合計
			マレー系	中国系	インド系	
	はい	度数	272	298	152	722
		％	71.6％	82.8％	76.0％	76.8％
	いいえ	度数	108	62	48	218
		％	28.4％	17.2％	24.0％	23.2％
合計		度数	380	360	200	940
		％	100.0％	100.0％	100.0％	100.0％

表6-22 子供の職業への希望

			民族			合計
			マレー系	中国系	インド系	
	公務員	度数	166	53	68	287
		％	43.7％	14.7％	34.0％	30.5％
	短大・大学教師	度数	63	35	30	128
		％	16.6％	9.7％	15.0％	13.6％
	小・中・高校教員	度数	27	44	21	92
		％	7.1％	12.2％	10.5％	9.8％
	自営業	度数	31	101	18	150
		％	8.2％	28.1％	9.0％	16.0％
	技術者	度数	35	41	19	95
		％	9.2％	11.4％	9.5％	10.1％
	弁護士	度数	7	11	9	27
		％	1.8％	3.1％	4.5％	2.9％
	医師	度数	47	54	22	123
		％	12.4％	15.0％	11.0％	13.1％
	事務労働者	度数		3		3
		％		.8％		.3％
	工場労働者	度数		1	4	5
		％		.3％	2.0％	.5％
	その他	度数	4	17	9	30
		％	1.1％	4.7％	4.5％	3.2％
合計		度数	380	360	200	940
		％	100.0％	100.0％	100.0％	100.0％

5　宗教意識と人生の目的

表 6-23　子供を宗教塾に入れるか

			民族			合計
			マレー系	中国系	インド系	
	はい	度数	328	59	80	467
		%	86.3%	16.4%	40.0%	49.7%
	いいえ	度数	52	301	120	473
		%	13.7%	83.6%	60.0%	50.3%
合計		度数	380	360	200	940
		%	100.0%	100.0%	100.0%	100.0%

　マレー系の他の2つの民族との大きな違いは，宗教教育の熱心さにある。86.3%の子供は宗教塾に通い，週平均6.97時間宗教塾で学ぶ。人生の最も大切な事柄は，マレー系の場合，神で，70.3%%となっている。中国系にとっては家族の愛情がもっとも大切で，68.6%に達する。「家族のためなら24時間でも働く」とする現代中国人（大陸）との共通性が窺われる。インド系は家族の愛情と回答する割合が38.5%，神と回答する割合が33.0%と拮抗している。

表 6-24　子供の宗教塾での一週間の勉強時間

			民族			合計
			マレー系	中国系	インド系	
	0 時間	度数	50	291	115	456
		%	13.2%	80.8%	57.5%	48.5%
	1 時間	度数	15	14	12	41
		%	3.9%	3.9%	6.0%	4.4%
	2-3 時間	度数	86	45	51	182
		%	22.6%	12.5%	25.5%	19.4%
	4-6 時間	度数	72	7	19	98
		%	18.9%	1.9%	9.5%	10.4%
	7-9 時間	度数	35	1	2	38
		%	9.2%	.3%	1.0%	4.0%
	10 時間以上	度数	122	2	1	125
		%	32.1%	.6%	.5%	13.3%
合計		度数	380	360	200	940
		%	100.0%	100.0%	100.0%	100.0%

彼岸にあこがれる宗教意識の強いマレー系・インド系においては，宗教意識が「ビジネス」の手段視につながる傾向が強く，（経営者面接調査），現世利益的な中国人の宗教意識が，中国系に多くみられる「ビジネスの自己目的化」や「終生ビジネス志向」につながるということとの間で，大きな差をもたらしており，宗教意識の差が，ビジネス意識に大きな差をもたらす要因として重要であることを示している。

表6-25　あなたの人生にとって最も大切な事柄は？

			民族			合計
			マレー系	中国系	インド系	
	神	度数	267	36	66	369
		%	70.3%	10.0%	33.0%	39.3%
	家族の愛情	度数	84	247	77	408
		%	22.1%	68.6%	38.5%	43.4%
	友情	度数	5	7	6	18
		%	1.3%	1.9%	3.0%	1.9%
	金銭	度数	8	34	16	58
		%	2.1%	9.4%	8.0%	6.2%
	名誉	度数	3	12	16	31
		%	.8%	3.3%	8.0%	3.3%
	自己実現	度数	8	15	19	42
		%	2.1%	4.2%	9.5%	4.5%
	社会的地位	度数	5	9		14
		%	1.3%	2.5%		1.5%
合計		度数	380	360	200	940
		%	100.0%	100.0%	100.0%	100.0%

6　調査の評価

　この調査で，3つのエスニック集団の企業経営行動を産み出す社会関係・家庭環境の実態，子供への家庭教育の方針と期待，及び基本的な人生観と宗教意識を確認した。

　先住民優遇政策に基づく教育によって，マレー系は農村から都市へと移住する者が増え，民族間の地域的な棲み分け状態はかなり改善されつつある。しかし，民族の間に真の意味での交流（文化的交流）がみられず，3つの民族は依然として各エスニック社会の中で生活している。その上，民族による

職業的な偏りが顕著に表れている。

　現世の家族の幸福よりも神を大切にするマレー系は，安定した公務員志望の強いエスニック社会と家庭で生まれ育ち，将来に向けて公務員になるように期待されている。そのために，学歴を公務員になるための「リソース」として重視し，子供の教育に力を入れる。反面，企業経営への職業的な重要性の評価は低い。ビジネスへの馴染みが薄く，企業経営行動を支える「リソース」の蓄積への意識は強くない。競争性，計画性・勤勉・リスクテーキングへの評価は他の民族と同様に表明しても，結果的に多くの人々が安定性の高い公務員を選ぶことになる。

　現世の家族の愛情・幸福が大切な中国系の多くは，ビジネス志向が強いエスニック社会とビジネス的雰囲気の濃厚な家庭で生育され，いずれ企業経営者になることへの親の期待が強い。さらに，マレーシアの特徴として，初・中等教育を通して，民族的な価値観を身に付ける傾向が強く残っている。中国系は歴史的にも（多くの家庭で，先祖の苦労話が家庭教育の重要な題材となっている），また，厳しいブミプトラ政策のもとでも，生存環境の厳しさを明確に認識し，学歴よりも，学習の中身を重視する教育に力を入れる。人生の早い時期に，企業経営のための「リソース」蓄積が始まり，リソース化の能力が鍛えられる。その多くが経験を積むために会社勤務を選び，何回かの転職によって経験の幅を広げようとする。勤めには出るが，人の下で働きたくはないという強い民族的な価値観の下で，結果的には起業の道を歩む者が続出する。ただし，医師・弁護士などの知的職業への進出に対する希望も，他の民族に劣らず強い。

　宗教と家族の双方を大切にするインド系は，知的な職業への評価が高い。しかし，中国系と同様の二等国民の立場でありながら，ビジネスへの評価のほうが公務員より低い。家族と友人の職業構成からみると，公務員の割合が企業経営より高い。また，工場労働者になる割合も高い。ビジネスの雰囲気がそれほど濃厚ではないエスニック社会で，子供の職業的な希望は公務員である。そのため，子供が実際公務員になる割合も経営者になる割合より高い。

以上，書面調査で得られた回答でみる限り，マレー系には勤勉・競争・計画・教育などについての認識が，他の民族に負けないほど強く現れている。確かに，政治権力による環境操作によって，マレー系の意識に大きな変化がもたらされていることが窺える。しかし，このアンケートは自己評価によるもので，エスニック集団ごとに基準が異なる場合が考えられるし，実態におけるその差異を明らかにする点では限界がある。このためか，面接調査で明確に指摘された3つの民族の行動面における大きな差異は，アンケート調査では鮮明に現れない傾向がみられる。例えば，マレー系の勤勉さへの評価は，意識の上やこれまでのマレー系の傾向と比較すれば，大きく向上していることが窺えるが，行動面で他の民族と比較すると，まだ差があるという事実が，マレー系自身によって指摘されている。従って，比較分析において，マレー系の意識におけるその変化を認めながら，行動面での差異について十分注意しなければならないと考えている。なお，マレー系の意識の大きな変化は，調査対象がビジネスクラスに限られていることを大きく反映しているとも考えられるし，また個々に現れている格差は，全階層について調査するならば，さらに大きな開きがみられることが推測される。

第4節 インタビュー調査にみられる価値観と行動：アンケートとの違い

エスニック別にみた企業経営行動の特徴とそれをもたらす要因については，アンケートの外にも，経営者（13名）と教育関係者（初・中等教育教員10名・大学教師3名），その他店員・タクシー運転手等約10名，合計約36名とのインタビューを行っている。このほかにも，あらゆる機会を活かして，現地で3つの民族の住民に対して，企業経営行動に影響を与えると考えている価値観について，様々な角度からインタビューを試みた。この節では，得られた証言を整理して，第2節でデータによって確認できなかった各エスニック集団の価値観と行動との差異を中心に明らかにする。とくに，上昇志向・競争性・計画性・勤勉・リスクテイキングの諸項目は，アンケート

結果と面接調査との間に大きな差がみられるので，この点を明らかにしたい。なお，この節では，面接調査の内容が，他民族に対するコメントや，差別的な処遇についてのコメントなど，敏感な問題を多数含むので，面接相手の氏名は伏せ，仮名を使うことにする。

1 社会関係：融合と融合の難しさの事例

V氏（教師インド系・男性）はまだ独身，ペナンに住んでいる。彼は3つの民族の棲み分けがかなり改善されているとみている。都市のコンクリート高層住宅は民族混住が普通で，現在，本人が住んでいる雑居ビルも，商店街に位置し，中には若い人を中心に中国人，マレー人，インド人が住んでいる。

本人は6人兄弟の末っ子で，他の兄弟は皆，ペナンから車で約1時間半のところにある親の住居の近くに住んでいて，皆よく集まる。母親は貧乏な中国系の子供で，生後まもなく親の友人であったインド人の養女となった。インド系はプランテーションでの生活水準が高かったから，このようなケースは過去によくあったという。本人には2人の兄がいて，2人とも工場労働者である。彼らは母親の影響か，本人たちの希望通り中国系の相手と結婚できた。本人も是非中国系と結婚したいと強く望んでいる。

40代のタクシー運転手（インド系・男性）：インド系の中では，イスラム教を信じる人々がマレー系と結婚することがある。その他のインド系は，中国系と結婚することがある。この場合，それぞれの民族の習慣に従って，2回の結婚式を行う。

タクシー運転手Y氏（中国系・男性）は50代。彼は3人の子供を持ち，全員自立している。彼は自分の子供がインド系と結婚してもかまわないが，マレー系とは絶対結婚させたくないという。マレー系と結婚する難しさは，姓や宗教の問題だけではない。今の時代，法律上結婚は個人の自由で，親は反対することはできるが，これを止めることはできない。しかし，もしもマレー人と結婚したい子供が出てきたら，われわれは彼・（彼女）にこのように言って忠告する。すなわち「君は，親や親戚や友達から結婚を祝福しても

らいたいか」と。この言葉の意味は、マレー系と結婚すると、生涯中国系の社会に戻れないということを意味する。

2 職業観

教師であるM氏（マレー系・女性）は、マレー系の間では、経営者やビジネスへの評価が低く、そのため、彼らはビジネスに行きたがらないという。マレー系の間では、駆け落ちは大きな恥辱だが、ビジネスに失敗しても、それほどの恥とはならず、あまり気にしない。インド系に関しても、ほぼ同様なことがいえるという。中国系は医者・弁護士、技術者など知的な職業への希望が高いが、経営者への職業的評価も非常に高い。ビジネスでの失敗は、中国系の場合、家族の恥とみなされる。中国系は起業するために、長期的な計画を立て、資金を準備し、技術を磨いたうえで開業する。

これに対して、マレー系は、起業という厳しい目標に対して、長期的な準備をすることに耐えられない。起業のために蓄えた資金も、いつの間にか欲しいものに使ってしまったりすることが多い。

3 子供の教育方針と、勤勉・努力・競争・社会的上昇

中国系の女性O氏は電気医療機器の販売会社に努めている。同じ中国系の夫が雑貨店を経営しているが、雑貨店の経営状況が悪くて、外で勤めることになった。まだ、28歳の彼女はすでに3人の子供を持つ母親で、物事にしっかりした考えを持っている。彼女は自分の教育方針を中心に民族の間の次世代の教育方針の違いについて詳しく説明してくれた。以下はその主な内容である。

中国系が教育に非常に熱心であることは周知のことである。私たち中国系の家庭教育の1つの大きな内容は、マレーシアに来た祖父・祖祖父の世代の辛い人生経験と現実の生存の厳しさを子供に語ることである。これを通して、子供の自立心を育てようとする。O氏と夫の祖父はマレー半島に来たとき、文なしだった。最初、ゴミ拾いなど汚い仕事ばかりして、よくマレー系に軽蔑された。時々、飯が食えないこともあり、長い間辛いことが繰り返さ

れる日々であった。中国系は，子供に祖先が自力でドン底から脱出した生活を語りかけて，地獄の生活の中でも自助努力によって運命を切り開くことを小さいときに頭に刻み付ける。現在でも中国系は自分の努力なしには生きていけない。もちろん中国系がマレー系と結婚すれば，マレー系の地位を利用して特権を得，非常に活動しやすくなる。例えば，商売する上でも非常に有利である。マレー系は中国系など他民族との結婚を気にしていないが，中国系はマレー系と結婚したくない。宗教・生活習慣の問題があるし，最も重要なのはマレー系と結婚してマレー系の特権を利用する中国系は，中国社会に軽蔑され，永遠に中国系から相手にされず，除名されるからである。

今私は，経済的に余裕があまりない。それでも，3人の子供の教育には金を惜しまない。私は洋服や外食をカットして，子供を塾に入れる。1科目の月謝が50RMになっている。国語・算数など主要な科目だけではなく，絵画も習わせている。1番上が長女で，いま1年生である。私は彼女にクラスの10位以内に入るようにと目標を立てさせた。そうすると，成績による毎年のクラス編成の時，最上のクラスに入れる。さらに，人生の最も大事な原則は何事もやる以上，怠けずに，全力で取り組むことであると教える。

以上の話は，アンケートの結果にもかかわらず，中国系の教育方針・勤勉さ・努力・上昇志向を遺憾なく示している。O氏は，自分を例に挙げながら，多くの中国系にみられる傾向について語ってくれたのである。

マレー系のH氏によると，マレー系の母親は中国系の母親のように常づね子供をプッシュするようなことはしない。

マレー系の運転手M氏は，マレー系の母親は勉強を子供に任せる。子供が自ら進学などを求める場合，出来る範囲でサポートするが，一所懸命にはやらないという。

マレー語学校の教師M氏とF氏（ともにマレー系・女性）：マレー系の子供のほとんどは幼時から宗教塾に通っている。小学校に入ると，また，宗教教育がある。マレー語学校では，成績優秀な生徒を宗教学校に送り，アラビア語を覚えさせて，将来イマーム（イスラム教の教師）になることを期待する。

V氏（教師・インド系）：インド系の母親は全体的にみると，知的レベルが低く，子供の教育に熱心ではないという。

　華語中学校の教師S氏（インド系・女性）：彼女は，華語学校を卒業し中華語学校で教鞭を執るインド系として非常に珍しいケースである。彼女によると，中国系の父兄は，子供にどんな科目も満点を目指すことを要求する。生徒も非常に努力する。中国系は成績のいい子も悪い子も皆学習塾に入れる。しかし，弱い科目だけ塾で勉強するのではなく，よくできる科目も塾で勉強する。

　マレー系は数学が苦手だから，塾で数学を勉強するために通うといった人が多い。インド系の場合，親は，子供が塾に行きたければ行かせるが，親は子供の勉強にあまり口を出さない。

　中国系は上手に子供を導く。インド系の多くの親は，宗教上の寄付には熱心だが，子供のしつけは全然わからない。マレー系の多くは子供のしつけを宗教に頼っている。

4　勤勉への評価

　O氏（店員・中国系・女性，勤務中にもかかわらず，好意で，客との応接を装い，長時間にわたってあらゆる問題について質問に応じてくれた）の証言：

　ビジネス界を中心に活躍している中国系は，いつも忙しく働いている。商業企業に勤めるならば，1日の勤務時間は長い。O氏は，朝10時に家を出て，通勤にはバスで1時間弱かかる。11時に店を開くが，マレーシアの夜は遅く，10時に店を閉めて帰宅する。インド系もマレー系より遙かに勤勉に働いている。朝10時に店を開いて夜遅く帰る。マレー系はこのような働きには耐えられない。政府の援助はマレー系の怠惰を一層助長している。マレー系が公務員になりたがること自体がその怠惰を証明している。公務員は勤務時間が短く・生涯生活が保障されているからである。

　華語小学校の教師O氏（男性）はマレー語学校と華語学校の教師の勤務態勢について次のように語った。華語学校の教師はまじめに働く。残業手当

をもらえなくても，自ら残業をする。最近華語学校にも数少ないマレー系教師がおり，彼らは，お祈りにかこつけて週1回はさぼりたいと思っているし，華語学校に派遣されることを，罰を受けたと感じている。華語学校の仕事が，マレー学校（ナショナルスクール）の仕事よりも遙かに大変だからである。

教師のH氏（マレー系・女性）：勤勉に関して，マレー系と中国系とは非常に違う。もっとも大きな違いは勤勉の程度である。マレー系は，意識としては中国系に負けないほどに勤勉を評価しても，それは実際の行動につながらないことが多い。もちろん，日々の行動を観察して，中国系と比較すると，程度の違いは明らかである。H氏は大学時代に金融論を専攻し，大学卒業後，中国系の銀行に勤めた。毎日の仕事が非常に忙しかった。周りの同僚はほとんど中国系だが，皆仕事に熱心であった。休み時間は少なく，非常に疲れる。1年後，H氏はこの中国系の銀行を辞めた。

マレー語学校の教師M氏（マレー系・女性）は，「マレー系も努力するようになったが，マレー系が中国系に追いつこうとすると，中国系はもっとがんばって，遙か先に行っている。だからいつまでも追いつかない」と考えている。

5 リスクテーキング

M氏・F氏（ともにマレー系・女性）によると，マレー系はリスクを非常に嫌うという。圧力に弱いものと思われる

6 計画性

H氏（教師・マレー系・女性）によれば，マレー系は行動の直前にその場で計画を考える傾向がある。マレー系の計画は中国系に比べると，短期的で，その綿密さは中国系に及ばない。作った計画を最後まで守ることができない傾向が非常に強い。例えば，子供のための学費を貯めようと決めていても，いつの間にかそのお金を別の用途に使ってしまうことがよくある。

7　子供の職業への期待

中国系店員O氏：中国系は経済力と相談して子供の人数を決める。子供の将来を考えて，育児計画を立てる。現に，多くの中国系は子供を2-3人しか産まない。マレー系は違う。3人以かなり多く生むことがよくある。彼らは多ければ多いほど喜んでいる。マレー系は子供の将来に対して考えていない。貧乏な家庭が多いのに，子沢山である。私は将来子供に対して，どんな仕事をしても，一流を目指すという原則を言って聞かせている。

大学教師Y氏（中国系・男性）：私は娘が2人いるが，高校に通っている上の娘は，英語の全国テストで1位を獲得するほどに優秀である。しかし，将来，大学には勤めてほしくないと考えている。国立の大学にはやはり差別があるからである。この子は，音楽も得意なので，将来音楽学校の経営などが良いのではないかと，娘と話し合っている。

以上，項目によっては，アンケート調査の結果と面接調査の結果との間にかなりの食い違いもみられるが，企業経営行動の成果という点からみると，面接調査の結果の方が，より整合的であるように思われる。

以上家庭を中心とする，価値観の形成についてみたが，マレーシアの場合，初・中等教育が，エスニック文化の維持・育成に大きく関わっているので次に，学校教育の問題についてみる。

第5節　　学校教育の特徴

1　華語学校のおかれた状況と教育の特徴

華語小学校は準国民型小学校と見なされ，一部の経費は政府の援助を受けている。華語独立中学校は，政府の援助を受けられない私立学校で，独立中学校と呼ばれている。独立中学校は，中国系の学生の学費と中国系社会の寄付で成り立っている。華語学校はそれぞれ理事会があり，中国系の企業家や生徒の父兄や卒業生の代表などによって構成される。理事会は学校の教育方

針や人事管理・財政問題など学校運営に関する諸問題に深く関わっている。特に財政の面で理事会は大きな役割を果たしている。これは中国系の社会が民族教育に熱心であることを示している。例えば，マレー語中学校に勤めた中国系の男性教師T氏によると，いずれ国民型学校にコンピューターを導入するという話がでたとき，いくつかの華語学校は，理事会の支援で，直ちにそして最も早くこれを導入している。他の民族学校ではこのような運営はみられない。

華語学校は儒教を中心とする道徳教育を行っている。その中で，高い目標・勤勉・自立・節約など従来の華人文化を育てようとしている。

華語学校は幼児園から初・中等教育まで3カ国語で教育が行われることが一つの大きな特色といえる。この中で，中国語は教授用語になっているが，英語・マレー語の時間が中国語の時間割に近いほど割り当てられている。この3カ国語の教育は，生徒にとって非常に負担が大きいと言うことが，多くの人々によって認められている。

華語独立中学校は6年一貫性で，前期と後期それぞれ3年となっている。後期は国民型中学校より1年長い。学校は独自の教育システムに沿って科目を設置し，教材を作成する。華語独立中学校のもう一つの特色は，人文系や体育・音楽などの時間を最大限に減らして，理数系と商科の教育に力を注いでいることである。

政府は華語独立中学校の学歴を認めないことになっている。そのために，独立中学校の生徒は，学歴を認められるためには，政府の初・中等教育に関わる学力テストを受けなければならない。政府部門での就職は華語独立中学校卒業生には不利である。しかし，中国系の活躍するビジネス界では，その学歴が認められ，将来，就職する機会は十分ある。ペナンの商店街の画材店で働くHさん（中国系女性）は，中国語ができれば働く場所は必ず見つかるという。H氏によれば，中国系の会社は中国系を雇いたいと考えている。中国系はマレー人よりよく働き，仕事に熱心である。またビジネスにおいては，3つの言語ができる中国系は役に立つ。外国の客やビジネスマンとの接触が増えつつあるからである。

華語学校の規律が厳しいことは，中国系の教育者だけでなくマレー系・インド系の教育者も指摘している。マレー系の教師F氏は，中国語の学校が規律を守らない生徒を厳しく叱るだけではなく，立たせたりして体罰を与えることを耳にしているが，これはマレー語学校では絶対あり得ないことであるという。マレー系は宗教の影響で，躾に暴言暴力は考えられない。

　華語学校に勤めるインド系のS氏はこのように話している。すなわち，華語学校は非常に競争的な雰囲気である。校長は優秀学校に選ばれるため，仕事に非常に熱を入れている。教職の勤務態勢へのチェックが非常に厳しい。教師は毎日豊富な内容を準備し，宿題の量も非常に多い。時間を大切にしないと，宿題を済ませられないほどである。インド系の教師としては，時々同情心を引き起こされる。教師は仕事が終わらなければ，自主的に残業する。

　華語学校では，徳・智・体すべてにおいて優秀な生徒が手本として選ばれ，表彰される。生徒がそのように競争しながら頑張る。

　マレー学校の場合，幼児園から大学まで現在2カ国語で教育が行われている。しかし，マレー語の教育が中心で，英語はその一科目として設置されている。このため，マレー系は英語能力においても中国系に及ばないことがしばしば指摘されている。マレー人は政府機関での就職が最も有利である。政府機関では日常マレー語しか使用されないからである。

　もうひとつ，マレー系は数学が弱い。多くの人々がこれを遺伝的にとらえているほどであるという。マレー語中学校の中国系教師P氏は次のような興味深い指摘を行っている。私は数学を担当している。中国系の生徒には中国語で九九を暗唱してもらう。簡潔だからである。マレー語の九九は，恐ろしく長い。マレー語で暗唱してもらうと，ひどく時間がかかる。マレー系が数に弱いので，マレー系社会は会計関係の人材が不足で大変貴重である。

　マレー語学校では，小学校から道徳教育が，マレー文化の中心を担うイスラム文化で行われている。この道徳時間は非常に重んじられ，筆記試験の科目と定められている。

　マレー語学校は生徒に自立・勤勉・努力などの価値観を教育理念として掲

げている。しかし，華語学校とは教育的雰囲気が異なり，これらの徳目は結果的に育たなかったとH氏（教師・マレー系）は指摘する。

インド系の40代の運転手は，「賢くない親がタミール語学校に子供を送り込む。タミール語はマレーシアでは自立するのに役立たない。現在タミール語の小学校は量的に減少しているし，質的にもかなり問題がある」と言う。

華語小学校に勤務するO氏（中国系・男性）は，最近新しく打ち出された教育方針について説明してくれた。一つの実験として，クアラルンプールで一つの敷地内に3つの民族学校を設置することになった。この学校の名前は中国語の「鴻願」と名付けられた。この学校は，インタビューの時点では，まだ開校していないが，この学校の設置の目的は，エスニック間のコミュニケーションを増やして，マレー人の価値観に変化をもたらすことにあると言われている。しかし，O氏は，学校運営においての問題点を次のように指摘している。それによると，3つの民族学校を1つの学校としてまとめると，全校集会や教職員会議や責任者の会議では，現実に問題が起こってくる。華語学校の教職員は，これらの会議をマレー語で行うことには絶対に反対すると思う。しかし，インド系は政治的な主張をしない。

第6節　小括

以上，企業経営行動に影響を及ぼす社会関係と価値観について，大量観察とインタビュー調査によって，それぞれ比較分析を行った。社会関係に関しては，2つの調査はほぼ同様な結果を示している。しかし，自己評価に関わるアンケート調査では，マレー系の意識のレベルではかなり変化がみられることが確認できるが，他方，アンケート調査とインタビュー調査とを対比してみると，とくにマレー系の場合，意識と行動との間に明白なギャップが見られる。このような異なった社会的・文化的環境の中で培った価値観が，企業経営行動に及ぼす影響をまとめると次のようになる。

1）マレー系の多くが信ずるイスラム教は，どん欲を戒めている。何事もほどほどがいいと教えている。このためビジネスにおいても，マレー系は高

い目標を持つことや，ハイリスクハイリターンを求めることはない。

　2）　イスラム教は誠実さが最も大切であると教えている。マレー系にとっては，だますこと，例えば，値段を吹っかけ，偽物を製造・販売するなどをして不正に金儲けをすることは考えられない。

　3）　イスラム教では，機会を待つことを教えている。競争相手を傷つけるほど機会や利益を求め獲得しようとすることは善ではない。マレー系は行動的ではないし，競争的でもない。前首相 Mahathir は，マレー系がどんどん行動を起こすようにマレー系をプッシュしたが，彼らは機会に敏感ではない。

　4）　マレー系の計画は短期志向で，起業のような活動に向いていない。企業を起しても，産業難易度の低い業種を選ぶことになる。

　5）　マレー系は，経営者への職業的評価が低いため，ビジネスに失敗することを気にしないし，さしたる恥とも思わない。中国系はビジネスの失敗を家族の恥とみて，個人だけではなく，家族の名誉を傷つけ，信用を失うと考える。その結果，ビジネス目標への執着と努力のレベルが大きく異なってくる。

　6）　中国系は学ぶ精神が非常に旺盛である。失敗の中から，必ず何かを学ぶ。マレー系は失敗したら，もう2度とチャレンジしないといわれる。

　7）　マレー系は親の商売を手伝ううちに，自分のビジネスを始める人が多い。しかし，中国系の場合，外で勤めていろいろ経験を積んで起業することが多い。

　8）　中国系は常に企業機会を探している。彼らの頭の中はビジネスでいっぱいである。中国系経営者は，同時にいくつかの企業を経営することがよくある。これはマレー系とインド系にはあまりみられない。

　9）　マレー系には書面による契約という伝統がない。例えば遺産相続なども口約束で行われる。このため，遺産相続を巡るトラブルは非常に多く，しばしば裁判沙汰になる。それでも，マレー人には書面による契約を結ぶ習慣はない。マレー系が共同出資で会社を興すと，トラブルが起こりやすい。個人の都合で，途中資金を回収しようとする人が後を絶たないからである。マ

レー系が中国系のように幅広く資金を集められない理由はここにもある。

　10)　マレー人がブミプトラ融資を利用しないのにはいくつかのケースが考えられる。規模が小さいこと，情報がないことを除いて，もっとも多いケースは，マレー系が融資に必要な書類—ビジネスプランを立てられないことである。計画の中でどうやって資金を増殖させるのかその方法を書く能力に欠けている。もう一つは担保が無いなど個人の経済力の問題もこれに絡んでいる。また，手続きが面倒と感じてすぐやめる人もいる。マレー系は非常に圧力に弱い民族である。中国系はこの点において遙かに強い。

　最後にＨ氏（教師・マレー系・女性）の言葉を引用して，この章を終わる。

　「中国系は，公務員採用でのクオーター制が無くても，公務員にはなりたがらず，ビジネスにいくと思うし，現実にマレー系はさまざまなサポートがあっても，ビジネスをやりたがらない。これには価値が大きく影響していると考えている。」

第 7 章
企業経営行動の「型」を形成する諸要因

第 1 節　歴史過程が示す問題

1　基底文化と文化変容

　第 1 章で検討したマレーシアの独立に至る歴史過程は，3 つのエスニック集団の民族的性格にみられる特徴と，それを生み出した背景とを，標本的といっていいほど鮮明に示している。それぞれの民族は長年の間に形成され，継承されてきた「基底文化」を持っている。この「基底文化」は，長期にわたって形成され継承されてきた，その民族特有の文化すなわち「類型論的意味での文化」と文明の発達とともに形成され変化してゆく「発達論的意味での文化」とに分けて検討するのが有効であると筆者は考えている[1]。

　長年マレー半島に住み着いてきた先住のマレー人の場合は，特有の文化を維持・発展させてきたが，他国から移民として移り住んだ中国人やインド人の場合には，それぞれの「基底文化」を担いつつ，移民達が現地で新たな思考習慣や行動形態を獲得していったものと考えることが出来る。

　こうした文化や文化変容は，マレーシアの場合，① 生活における生存圧力（環境からの圧力）の如何が大きく関わっていたこと，② 経済発展の結果，生存圧力が低下した場合にも，目標へ向けて努力する「内部の圧力」が維持されるか否か，「内圧」が維持された場合，なぜそれが維持されたのかという問題が我々の注意を引く。たとえば，厳しい環境の圧力のもとで頑張った中国系マレーシア人たちは，生活水準が向上した後も，目標に向かって努力すべしという強い内部の圧力を維持し続ける者が多い。これには，家庭教育や中国系を中心とする交友範囲から吸収する価値観，さらには，「先

住民優遇政策」のもとで厳しい生活環境が維持されていることが関わっている。

興味深いのは，この「外圧」が，主として政治・経済・(ときに社会的)諸要因によって規定されると考えられるのに対して，「内圧」は，主として価値や義務感など文化的要因に規定されると考えられることである。ここに，文化と企業経営行動との一つの重要な結節点が認められる。

2　歴史過程で指摘されたエスニック集団の性格

1)　マレー人の場合

マレー人の場合，生存圧力の低さが，長年の間に，気楽な生活を望み，勤労を厭う「怠惰な性格」(Swettenham) を生み出したとされる。また，宗教上金銭や蓄財が悪とされたため，その教えから，豊かな物質生活を求めず，したがって金銭欲も欠如していた。宿命論的で目標に向かって努力したり，他者と競争することを好まず，「単純で満足しやすい」(Mahathir)，とされる。勤労よりも篤信が重視され，互いに協力する習慣もなく，商売や賃労働を忌避する傾向にあった。宿命論に基づく，座して待つ習性は，努力の放棄，希望・目標と手段の乖離をもたらした。

2)　中国人の場合

彼らは，本国での生活苦のために，マレーに流入した時には，生存に必要な様々な智恵を身につけていた。マレーへの出稼ぎをするについては，本国に残した家族への送金という負担や，「故郷に錦を飾る」夢を持ち，高い目標と強い欲望とを持っていた。このため，安い賃金のもとで困苦に耐え，懸命に働いた。彼らは，致富という目的への執着により，少しでも有利な収入の機会を追い求め，あの手この手の工夫によって，機会の実現を図った。

また，彼らは，本国ですでに商品経済に触れており，貨幣の価値を十分に認識するなど，ビジネスに適合した文化（発達論的意味での文化）を身につけていた。このため，自給自足的な生活を続けるマレー系との間のビジネスにおける競争優位が，彼らの経済的地位を押し上げていった。

イギリス植民地政府の放任主義は，彼らを保護のない厳しさに直面させるとともに，彼らに自由と希望とを与え，中国人達の奮闘努力を誘った。

彼ら中国人達の性格的特徴としては，① 収入獲得への敏感さ，② 目標への執着とその実現に対する柔軟な思考，③ 大胆な決断力，④ 緻密な計画性，⑤ 堅忍不抜の性格などを挙げることができる。

3) インド人の場合

本国での厳しい困難を経験したインド農民達は，インド政府の監視，イギリス植民地政府の監督下，当時としては比較的手厚い保護を受けてマレーに移民した。彼らは，ゴム農園主による家父長的な保護のもとに長く農園で働き，比較的恵まれた生活を与えられて満足し，日々の勤労にいそしんだ。こうしたインド人の特徴は，今日の工場労働者にも明白に受け継がれている[2]。

3　企業経営環境の形成

歴史過程の検討によって明らかなように，マレーシアの独立当時，3つのエスニック集団の経済的地位には明確な差が生まれていた。マレーシアの1つの面白さは，政治権力を握る多数派のマレー系が，経済活動においては，少数派の中国系に大きく遅れをとっていることである。このため，マレーシア政府は，独立後の政治状況の中で，マレー系を中心とするブミプトラ政策を採用し，マレー系の経済的進出を強力に支援した。エスニック集団の性格，経済的蓄積とともに，この政策は，独立以後の企業経営環境を形成する上で，一つの重要な要因となった。以上の過程を示すと次のようになろう。

　　生存圧力→民族性→経済活動の差→経済力の差→政治権力の介入→
　　企業経営環境

以上のような背景，すなわち，3つのエスニック集団の性格特性，3つのエスニック集団が独立までに築いた経済的な地位，そして，独立新政府が採

用したブミプトラ政策のもとで,マレーシア独立後の企業経営環境が形成され,この独立後の企業経営環境のもとで,各エスニック集団の企業経営行動が展開される。その大きな傾向性についてその要点を示すと,次のようになる。

1) ビジネスへの志向性の違い

まず,ビジネスへの志向性に大きな差が見られる。この点に関しては,自給自足的農業を主な生業としていたマレー系,ゴム園労働者としてマレーにやってきて勤勉に働いてきたインド系,そして,致富を目指して移民となり,あらゆる機会を模索するよう強く動機づけられていた中国系と,彼らが出会った歴史の出発点からその性格が異なっている。この点は,伝統文化の違いにその出発点を求めざるを得ないであろう[3]。

中国系がビジネスに適した能力なり文化なりを持っていたとする考えについては異論がある。例えば太田勇氏は,次のようにこうした考えを批判している。

「華人が商業,金融,サービス部門において活躍してきたのは,中国人が生まれつき商才に長けていたためではない。新しい土地へ移住した人々が,そこで農地を入手出来ず,新産業を起こすには十分の資金を調達し得ない場合,入って行きやすいのは小商売しかないであろう。そして,勤勉と幸運がもたらした第3次産業での成功があっても,また不思議ではない」太田は,このような例は,ユダヤ人をはじめとして世界至る所に見られるし,中国本土の住民の多くが農民であるという事実を挙げている[4]。

この考えは,一面で正しいといえる。土地の所有権を与えられなかったということは,中国系のとりうる選択肢を限定しビジネスへの参入を促進したという点では正しい。しかし,中国系が,致富に強い関心を持ち,機会さえあればビジネスに従事しようとしていたという,ビジネス志向性を持っていたことを,この議論によって否定することはできない。この太田の指摘の問題点は,選択肢限定による促進効果を成功要因と見誤ったところにある。その結果,成功の要因を勤勉と幸運に求めることになってしまった。そして農

園から出ようとしなかった勤勉なインド系は, ただただ運が無かったことになってしまう。太田氏の議論を展開すると, 土地所有の制限が無ければ中国系はこれほどビジネスに成功していなかっただろうという結論に導かれるし, その結果また, マレー系やインド系が活発にビジネスに進出していたであろうという奇妙な結論に導かれかねない。ごく一部であるが, 農業に従事した中国系が, 利益の上がる商品作物の栽培に走ったことをみれば, 中国系が土地所有を認められていたならば, 自給自足的農業に満足したとも考えにくい。

大変興味深いことに, この選択肢限定効果は, 今日, ブミプトラ政策によって, 公務員への採用が大幅にマレー系を優遇する形になっているために, 中国系の公務員への志向が限定されている点にもみられる。しかし, これはマレー系のビジネスへの参入を制約したとは考えられるが, 中国系のビジネスにおける成功を説明する要因であるとは誰しも考えないであろう[5]。

中国系のビジネス志向が,

①マレー系・インド系（地位の低い農民カースト出身）とは異なる「基底文化」を担っていたこと,

②商品経済に触れ, 貨幣の価値を理解しているという「発達論的意味での文化」を持っていたこと,

③出稼ぎの主要な目的として「故郷に錦を飾る」致富志向をもつなど, 目標への誘因効果によって大きく支えられていたことを, 理解する必要がある[6]。

2) 危険負担・困苦への耐性の違い―圧力仮説：外圧と内圧

次に, 危険負担や困苦への耐性に大きな違いが見られる。すでにみたように, マレー系は, 気楽な生活を好み, 目標に向けての努力や他人との競争を忌避する傾向を強く持っていたし, インド系は, 雇い主の保護のもと, 満足して20年間働く傾向があった。これに対して中国系は, 少しでも有利な機会を見つけると, これまでの活動を放棄し, 新しい仕事に飛びつく傾向があり, そのためには困苦に耐えることを厭はなかった。

このようなエスニック集団の間の違いがみられる背景としては、次のようないくつかの理由が考えられる。

① 生存のための圧力の違い： 歴史過程の検討からまず浮かびあがってくるのは、生存に対する圧力（以後「生存圧力」と呼ぶ）が、エスニック集団3者の間で大きく異なっており、それが彼らの民族的性格の形成や行動パターンの形成と重要な関わりを持っていると思われることである。

② 「生存圧力」の減少と「内圧」の維持： しかし、この「生存圧力」は、それがもっとも厳しかった中国系においてさえも、その経済活動が進展し、生活水準が向上するとともに、次第に緩和されてゆくはずのものである。そこで次に問題となるのは、「生存圧力」が緩和された状況の下で、中国系の間に厳しい生活努力の性向が維持されてきたのは何故かという問題である。そこでは「外圧」としての「生存圧力」に代わりうるような、高い「内圧」（やる気）が維持され、有効に作用したとみられる。こうした高い「内圧」が維持された事情とメカニズムが問われなければならない。

③ ビジネスへのチャネリング：以上2つの条件は、確かに厳しい生活努力を維持するための条件としては有効である。これらは、例えば、厳しい訓練を行う華語学校での中国系児童の頑張り、約90%の中国系児童が華語小学校に入学し、厳しい訓練に耐えてこれを卒業している事実や、中国系ビジネスマンの頑張りを説明するが、こうした頑張りに加えて、こうした努力の目標をビジネスに向けさせた事情が問われなければならない。この両者が統合されることによって、「ビジネスに強い中国系」の解明が可能となる。

④ 政治・経済・社会・文化的諸要因と「型」の形成：以上、マレーシアにおける「生存圧力」・中国系にみられる「内圧の維持」・「ビジネスへのチャネリング」とのかかわりで、政治・経済・社会・文化的諸要因が「型」の形成とどのようにかかわったかという問題が、問われなければならない。それは、本研究の基本的問題意識と関わるからである。

第2節 「生存圧力」の視点で見た歴史過程

1 エスニック集団による「生存圧力」の差

　第1章の歴史過程で見た，各エスニック集団の置かれた状況にみられる顕著な差異は，それぞれの「生存圧力」にみられる大きな差異である。

　まず，マレー系の場合，恵まれた自然条件の下で，食料の入手が容易であり，この点で彼らの生存が脅かされることは，ほとんどなかった。この点は，歴史上しばしば飢餓に見舞われた中国人の場合とは大きく異なる。さらに厳しい服従を求めはするが，住民に保護を与えるスルタンの政治や，運命論的な姿勢と無欲を作り出す宗教（内圧の縮減）など，その「生存圧力」は，他のエスニック集団の場合に比べて，かなり低いことが窺われる。その結果，先に歴史過程の検討で触れた，マレー人独特の気楽な性格が形成されたと考えられる。Swettenhamらの見解は，この点を重視している。

　これに対して，インド系移民の場合，本国での生活は厳しかったが，英国政府による手厚い保護とゴム園所有者による温情的な待遇によって，ゴム園などでまじめに働いてさえいれば，生存への不安はほぼ解消されるという条件の下に置かれていた。彼らは，宗教的には，瞑想を好み，現世よりも来世での救済を求める傾向が強いことも，現世での不安や圧力をやわらげるように作用した。彼らは，ゴム園での労働の中で，一人の雇い主の下で20年間まじめ着実に働くという傾向を，育てていったが，この傾向は，現代の工場にまで持ち込まれている[7]。

　本国における政治・経済上の厳しい条件を逃れ，異国に出稼ぎに出た中国人たちは，自由だが何の保護もない状況，しかし反面，厳しくとも自らの目標のもてる条件の下で，敗者としての汚名を着て故国に逃げ帰るか，徒手空拳全能力を傾けて，自らの生存を全うするかという状況に追い込まれていた。出稼ぎ華僑の通例として，彼らは，その出発点から経済的な向上すなわち「致富」をその目標としており，その上家族への仕送りという負担や，

「故郷に錦を飾る」という経済的成功の夢が、彼らを支えた。現世利益的な宗教意識のもとで、彼らは、この世での経済的成功以外、一生の夢を託す目標を持たず、経済的成功を求めて、それぞれに渾身の努力を傾けたのである。

　マレーシア独立後間もない1963年に舟橋尚道は、次のように書いている。マレー人・中国人・インド人の行動形態にみられる鮮明な差を明らかにするものとして、次に掲げる。

　マラヤ連邦の労働市場の特質は、それぞれの人種が労働力としての性格を異にしている点にある。華僑は、雇用労働を足がかりと考えて、少しでも利益の多い職業に転じようとする傾向が強い。例えば、ある月に賃金労働者であったものが次の月には行商人になるといった具合である。また労働者から事業主に転職することもしばしば有り、（中略）インド人は、出身地が違えば、労働力の相互流通はないといわれ、しかも生涯を労働者として同一の雇用者の下で過ごそうとする傾向が強い。マレー人労働力の大部分は農・漁業の小生産者であるが、農業内部における恒常的賃労働はほとんどない。せいぜい収穫のずれを利用して小生産者が一時的に労働者となるにすぎない[8]。

2　「生存圧力」と「生存努力」

1)　有効圧力と適正適応

　このような「生存圧力」（外圧）と人々の「生存努力」との間には、興味ぶかい関連が見られる。すなわち、「生存圧力」が一定レベル以下であると、多くの人々は、安逸に慣れ、苦しい努力を怠るようになりがちである。これは一般に広くみられるところである。もちろん「生存圧力」はそれほど高くなくても、「青雲の志」に燃えて（高い内圧－文化と深く関わる－によって）努力を怠らない場合もあり、そこに、希望とそれがもたらす「内圧」の重要性が認められる。この低い「生存圧力」と安逸という図式は、農村で自給自足的生活を営んでいたマレー系によく当てはまる。マレー系は、独立当時でさえも、その約80%が、農村で安逸な生活を送っていた。それは、ある種

の「過剰適応」であるといってよい。

　そして，長年にわたるこうした状況が，マレー系の文化を形成ないし維持したものと考えることが出来る。

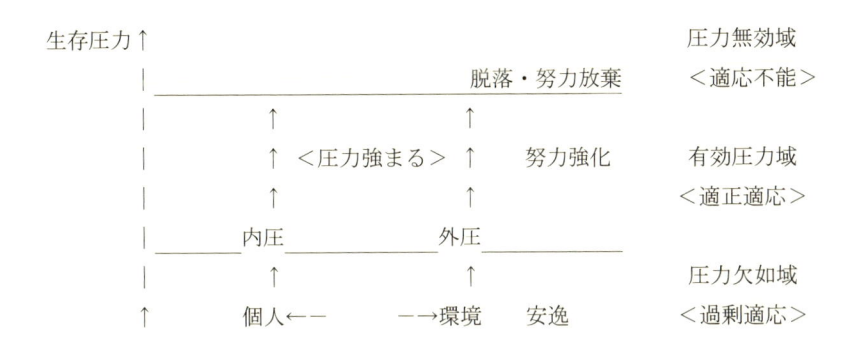

```
生存圧力↑                                    圧力無効域
   |_____脱落・努力放棄    <適応不能>
   |           ↑        ↑
   |           ↑ <圧力強まる> ↑    努力強化    有効圧力域
   |           ↑        ↑                <適正適応>
   |____内圧_____外圧____
   |           ↑        ↑                圧力欠如域
   ↑         個人←──  ──→環境   安逸     <過剰適応>
```

　次に，「生存圧力」が一定のレベルに達すると，人々はその圧力に応じて相応の努力をするようになる。これもわれわれが日常目にするところであり，特殊な場合を除けば，かなりの一般性を持っていると考えることができる。もちろん，目標への興味や献身が，「外圧」以上に努力を促す場合も考えられるが，これもいい意味での圧力（内圧）と考えておきたい。

　圧力がさらに高まると，人は，ついに目標を断念したり，努力を放棄したりするようになる。この場合，人々は，社会的脱落者になったり＜適応不能＞，他の活動領域への脱出＜選択適応＞を図るようになる。これも，われわれの日常的観察が支持するところである。このように，圧力の増大とともに努力の支出が増加するこの範囲を「有効圧力域」，脱落するほどに圧力が高い領域を「圧力無効域」，人々が安逸を貪るほどに圧力が低い領域を「圧力欠如域」と名づけておこう。

2)「有効圧力域」にみられる個人差

　この「有効圧力域」には，当然ながらそのレベルと幅に個人差があり，同じ圧力でも脱落するものと，頑張って努力を続けるものとが存在することは明白である。このことは，例えば，極貧に育ちながらそれゆえに厳しい努力

を積み重ねて成功する者と，同じく極貧に育ち，当初から苦しい努力を放棄する者とが現れるなど，貧困のもたらす二様の影響という現象を説明するのに役立つ。もちろんこのような差の背後には，家庭で培われた価値観や生育過程における特異な体験がもたらした価値観などがあり，それらが「有効圧力域」のレベルと幅に大きく影響するものと考えられる。この問題には，人々の要求水準（aspiration level）と満足水準（satisfactory level）が深く関わっていると思われるからである。先の貧困の例で言えば，長年の貧困に打ちひしがれた層と没落階級とでは，要求水準と満足水準とが異なる場合が多く，したがってまた，その行動も異なってくる。要求水準・満足水準が高い場合には，高い内部圧力のもとでの努力が継続されると考えて差し支えない[9]。

3）「有効圧力域」にみられる民族差と文化

ここで本研究にとって，重要かつ興味深い問題は，エスニック集団によって，こうした「有効圧力域」のレベルと幅に大きな「型」の差がみられるのではないかという問題である。先に検討したマレーシアにおける3つのエスニック集団の歴史は，この問題について，大変興味ぶかい状況を提示している。

こうした圧力域の問題は，同一の社会にあっても，時代により環境によって変化する。それは，日本の歴史に照らしても明らかであろう。しかし，反面，先に引用した各エスニック集団の歴史的事情は，それが，各エスニック集団の人生観，勤労についての価値観，ビジネスへの志向性に，かなり深い影響を与えており，それが長く受け継がれてゆくことを示している。Mahathir自身，形成されたこれらの特徴を「遺伝」と呼んでいるし，マレー人識者がマレー人の性格や思考方法に関してよく使う「骨にまで染み付いている」という表現は，それがエスニック集団の性格に如何に深く浸透しているかを示している。

これをまずマレー系の人々についてみると，先の叙述は，

① 温暖・肥沃な自然条件

② 服従と保護の政治的条件
③ 近代思考・近代教育への無関心という社会・文化的条件
④ 運命論的諦念と来世への渇仰という宗教・文化的条件

などによって，現実の「生存圧力」がかなり低く保たれてきたことを示している。またマレー系の人々が，争いや競争を好まず，平穏で気楽な生活を好むという傾向は，「生存圧力」がかなり高まらないと競争努力を始めないこと，圧力がそれよりさらに高まると容易に脱落するという傾向を示している。

初代首相の Rahman も次のように書いている。

一方マレー人は，自分たちの生活様式，特異な伝統，イスラム教に基づく来世への信仰，自分たちのスルタンに対する尊敬という生活様式に慣れきった，単純で満足している民族である。土と海から生まれた子供として彼らは美しい国土の自然にとけ込んで生活している。何でそんなに働かねばならないんだ？「アッラーの神様が何でも下さるじゃないか」と彼らは言う。だから，来世は現世の延長であり，現世が豊かであれば，来世もよくなる，と信じている華人達と，経済的に競争しようと彼らは考えなかったのである[10]。

このことは，マレー系の場合，ひとつの民族的な型としてみると，有効圧力域の下限が比較的高く，環境の圧力がかなり高まらないと意識的な努力を始めない。また彼らの場合その上限が低い。すなわち，少し圧力が高まると努力や競争を回避して，自らの「サンクチュアリー」（農村での気楽な生活）に逃げ込むという傾向を示している。つまり，彼らの場合，有効圧力域の幅が狭いことを示唆している。　Mahathir は，次のように指摘している。

多くの中国人の流入によって，都市が急速に発展した。この中で，都市の物価や地価及び諸税は上昇する一方であった。マレー系は，こうした厳しい状況に臆せず立ち向かい競争することを，ひどく嫌い，これを避けようとした。このため，政府に雇用されたマレー人以外は物価の上昇に耐えきれず，不動産を売り払って，都市を出て，カンポンに居住するようになった[11]。

このような傾向は，技術競争などの面でも同様に認められる。

マレー人は新製品を使用する意欲は強いが，その技術を修得することに熱心ではない。過去の歴史の中で，熟練したマレー人の金細工人（enact）がいた。しかし，中国人がマレー人より優れた製品を作り出すと，マレー人の顧客はなくなった。建築においても同様である。かつて木造建築においては，複雑な彫刻や建築技術を持ったマレー人の大工がいた。しかし，伝統建築と違った煉瓦やモルタルによる建築方式を学習しようとするマレー系はいなかった。その後，建築材の多様化と建築方式の複雑化で，マレー系は自力で建物を造らなくなり，中国人の大工にたよるほかなくなった。マレー人は中国人の到来でこのようにじわじわ農業以外の領域から撤退してしまう。このような経験の繰り返しによって，「マレー人は中国人に追いつかない」という考えがマレー人の意識に深く埋め込まれてしまった[12]。

中国系やインド系の企業に比べて，マレー系の企業が，厳しい品質・価格競争よりも，消費者のニーズに応えようとする傾向が強いという先に述べた傾向は，こうした視点から見ると大変に興味ぶかい。

インド系の人々の場合，その8〜9割を占めるタミール系の農民出身者とより高いカーストの出身者とを，分けて考える必要がある。タミール人の場合，先に検討したように，イギリス政府による保護の下に移民し，ゴム園では，政府機関の監督と雇い主の温情的処遇のもとに，福利や教育などである程度の保護を与えられていて，勤勉な彼らの場合「生存圧力」および厳しい努力への「内圧」は，マレー系よりは高いとしても，徒手空拳，あらゆる困難に打ち勝って目標を達成しようと努める多くの中国人と比べると，一般に圧力はかなり低かったと考えることができる。こうして，彼らの多くは，雇い主の下で勤勉に努力をすることで満足するという，傾向がもたらされた。この傾向は，現代の工場においても，基本的に引き継がれている。インド系の経営者の中には，英語学校出身の高学歴者が多いという事実，反面，労働者たちは，20年間工場で勤勉に働くという構造は，当然例外はあるものの，カースト文化が大きく影響していると考えることができよう。また，新しい

技術に対するインド系企業の態度にみられるような両極分解の構造は，こうしたカースト文化と無関係ではない。インド系を1つのエスニック集団としてみると，このカーストによる両極分解は，インド系のひとつの特徴ということができ，そこに伝統文化・伝統意識の影響を鮮明に読みとることができる。この傾向は転換が難しく，その転換には長い時間がかかり，世代交代によって少しずつ転換するといった長期にわたる「文化変容」の過程が必要であると考えられる。

以上のように，「有効圧力域」のレベルと幅のあり方は，エスニック文化や時代の文化状況と深く関わっており，次にみる「内圧」の問題とともに文化と企業経営行動とをつなぐ重要な結節点のひとつとみることができよう。

第3節 「外圧」の減少と「内圧」の維持：中国人にとっての「外圧」と「内圧」

「生存圧力」の如何によって形成されたエスニック集団の性格特性は，環境からの圧力が変化した後も，長く引き継がれる場合がある。経済発展とともに，「生存圧力」は，急速に減少してゆく。特に，かなりの経済的成功を収めた中国系の場合，「外圧」としての「生存圧力」は，次第に減少していったものと考えざるを得ない。ここでわれわれは，政治的・経済的・社会的な「外圧」とは別に，人々の価値がもたらす「内圧」についても，十分な注意を払わなければならないであろう。

イギリス植民地政府による，自由主義的な移民政策の恩恵を受けたとはいえ，中国人達は，何の保護も保障もないままに，マレーシアにやってきた。その多くは，みずから生きるための高い「外圧」に加えて，故郷の妻子や家族への仕送りの必要性という重荷を抱え，「爪に火を点す」ような節約とより多くの収入の機会に対する鋭敏な感覚のフル動員，新しい方策の工夫，子弟への教育熱などによって，次第に道を切り開き，少しずつ自らの地位と資産とを築いていった。その意味で，彼らの有効圧力域の下限は低く，また上限はかなり高かったということができる。

彼らは，当初，現実に高い「生存圧力」（外圧）のもとにおかれて必死の努力を行ってきた。しかし彼らは，労働やビジネスの小さな成功によって「生存圧力」が次第に緩和された後も，高い目標（例えば「故郷に錦を飾る」など）に導かれて，さらにその要求水準や満足水準を上昇させ，その結果としての高い「内圧」によって，その厳しい努力を継続した。このように，中国系の場合，その「内圧」が非常に強く，かつまたそれが維持されたために，「外圧」が緩んだ後も，圧力が高く維持されるという特徴がみられた[13]。

自然的・政治的・経済的要因，時に社会的要因は，「外圧」と深く関わっている。自然の恵みや不毛さ，内戦や政治的圧迫，経済的不振，社会的偏見などがその例である。これに対して，「内圧」と深く関わるのは，人々の価値観であり，それを規定する「家庭文化」・「エスニック文化」・「社会文化」・「宗教文化」などである[14]。

中国人の宗教意識は，格別にその「内圧」を高めているようにも思われないが，その現世利益的志向性が示すように，傾向として，現世での目標を達成するように強く動機付けがなされているものと思われる。これに対してビジネスは，これで十分という目標達成にはなかなか至らないために，「ビジネスの自己目的化」・「終生ビジネス志向」，さらには子孫にビジネスの発展を託すなど，その努力には終わりをみることがない。ビジネスに付随する競争とともに，ビジネスそのものが内圧を高め維持する傾向を持っている。マレーシア華人の場合，こうした傾向が明瞭に現れている。

以上，マレーシアの各エスニック集団において，「内圧」の如何は，それぞれの受け継いだ文化と経営行動とが関わる一つの結節点であると，筆者は考えている。

第4節　ビジネスへのチャネリング

「何が中国系をビジネスに駆り立てたか」という問題は，これまでもしばしば論じられてきた。ひとつの立場は，中国人が受け継いだ文化が，ビジネスの成功をもたらしたという考え方である。これにはいくつかの立場があり

うる。すなわち，

① 中国文化という中国人にとっての基底文化がビジネスとの適合性を持っているという類型論的に見た文化を重視する立場，

② ①に加えて，中国の中でも，海外への出稼ぎが盛んで，あの手この手の商売や，交渉・工夫に長けた中国南部地域の地域文化の影響を重視しようとする立場（半ば発達論的視点を導入），

③ 自給自足的農業を続けるマレー系の人々と異なり，中国系の人々は，曲がりなりにも市場経済に接触した経験を持つものが多く，貨幣や利潤などのビジネスにとって重要な観念を身につけていたとする発達論的にみた文化を重視する立場，

④ 中国人といえども，経済の発展した国々では，それほど容易には成功できないという事実が示すように，マレー系との経済的発展段階の差，すなわちマレー系に対するビジネス上の比較優位が，ビジネスの成功をもたらしたとする，発達論的にみた進んだ文化が，中国系の成功をもたらしたとする立場，などがある。これらの他，中国系の成功をその文化に求めることに反対する立場もある。すなわち，

⑤ 先にみた太田勇氏の指摘のように，土地を所有する機会を与えられなかったことが，彼らをビジネスに駆り立てたのであって，中国文化が，ビジネスにより適しているわけではないという立場などがみられる。筆者の見解では，これらの見解のすべてが，「ビジネスへのチャネリング」の一部を語っているように思われる。まず，中国での生活苦を和らげるために，海外に出稼ぎした人々は，何よりもまず，生活苦の緩和を望んだと考えられる。先に引用した一文「華僑は，雇用労働を足がかりと考えて，少しでも利益の多い職業に転じようとする傾向が強い。例えば，ある月に賃金労働者であったものが次の月には行商人になるといった具合である。また労働者から業主に転職することもしばしばあり（後略）」このような，収入増への願いが，他に有利な機会が与えられていない場合，小資本で始めるビジネスへと向かうのは自然であろう。

こうした中国人が，発達論的にも類型論的にも，ビジネスにとって有利な

文化を受け継いでおり，この点で不利な文化を受け継いでいたマレー系の人々との間に，比較優位を容易に築き得たことは，明白である。ただ，⑤の見解は，一面で当たっているが，一面では当たっていないことは，先に筆者が反批判した通りである。

第5節 価値と「リソース」の役割

1) 価値と「リソース」との関わり

価値と「リソース」との関わりについては，2つの面を考慮する必要がある。

その一つは，徒手空拳，無一物から大をなす場合であり，ビジネスへの志向，選んだビジネスを成功に導こうとする堅忍不抜の精神，企業機会への鋭い感受性とその実現のために困難な制約要因を克服する能力など，価値観や態度が基本的機能を果たしている場合である。中国系の移民当初から成功に至るまでのプロセスは，この価値観が優越して現れた時期であるといってよい。価値観優越の過程である。

その二つは，独立前にみられた中国系の活躍は，先に示したように，中国系の経済的地位を大きく押し上げた。その結果，資産・ビジネスの経験とノウハウ・ビジネス上のネットワーク・信用・技術・教育など多くの「リソース化可能要素」がエスニック集団の内部に蓄積された。この段階になると，価値観の持つ比重に対して，「リソース」の持つ比重が次第に，その重要性を増し，価値観が重要な役割を維持しつつも，むしろ「リソース」の持つ役割が，重要となる。創業時における制約要因の最大のものが資金であるという事実，調査の範囲（中小企業が主体——政府支援の大企業などは除く）では，マレー系やインド系の資本が，おおむね家族の出資の範囲に限定された小資本であるのに対して，中国系の資本金調達源が家族・友人・従業員などに拡散していて，その資本金が，他のエスニック系の企業に比べてかなり規模が大きいこと，中国系企業に技術の蓄積が多いことなど，「リソース」の果たす役割が，次第に増大している。これが独立以後中国系の強さを支える

重要な要因となっている。マレーシア市民となった中国系が，生活水準の向上による「外圧」の減少や，故郷に錦を飾る夢，本国家族への送金の負担などの「内圧」も次第に変化を遂げる中で，豊富な「リソース」が，その優位性を維持する重要な一因となっている。

2) ビジネス志向と「リソース化可能要素」

　中国系の企業家が，人生の早い時期にビジネスに関心を持ち，華語学校での厳しい教育に耐え，人脈を形成した上，転職によりいくつかの職場・職業を経験した後，得意な領域で創業するというパターンは，早期のビジネス志向という価値観に基づいて，長期にわたり，「リソース化可能要素」の意識的な蓄積がなされつつあることを意味する。これは価値観と「リソース」の重要な結節点といえる。

　有利な金融支援などマレー系の企業活動を支援する諸施策を盛り込んだ，ブミプトラ政策が，反面，公務員採用でマレー系を優遇した結果，マレー系の場合すでに見たように，公務員志向が強く，中国系のように早くから「リソース化可能要素」を蓄積するという行動がみられないこと，ビジネスに参入するマレー系が，身近なところで行われているビジネスの影響を受け，家族等の出資を受けて小資本でビジネスを開始するというパターンは，中国系の行動と比べて，「リソース」の動員や活用において大きく遅れをとっていることを示している。また，インド系に顕著な行動としては，利益の再投資がきわめて少なく，配当志向が高いこと，しかし，配当で得た収入を他の有利な企業に投資するという行動も活発ではなく，「リソース」動員・活用の点で，中国系に大きく遅れをとっている。

　このように，豊富な「リソース」を活用する中国系の企業にあっては，
① エスニック集団内部における民族的資源の蓄積
② 幅広い範囲からの投資資金の獲得と資本規模の大きさ
③ エスニック集団内部における経験・情報の蓄積や，ネットワークを通じてのその交換・活用
④ 社会関係の蓄積と活用

などが重要な役割を果たしている。

第6節　小括

　第1章で検討したマレーシアの独立に至る歴史過程は，3つのエスニック集団の性格の形成過程を興味深い形で示している。
　①　これらの性格形成は，長期にわたって形成されかつ，継承されてきた「基底文化」や移民するなど環境の変化によって引き起こされた文化変容によって作り上げられたものであると考えられるが，
　②　マレーシアの場合，こうしたエスニック集団の性格形成においては，生存のための環境圧力（「外圧」）や，人々を駆り立てる「内圧」の違いによって，目標への努力姿勢（drive）に，大きな差が生まれ，
　③　こうした努力姿勢の差に加えて，ビジネスへの志向性の違いが，企業経営行動のあり方およびその成果に大きな開きをもたらしたことである。
　こうしたエスニック間の経済力の差が，独立後，マレー系主導の新政府による，やや強引とも思える格差是正政策，すなわち，ブミプトラ政策採用の要因となった。以上の過程が，独立以後における企業経営環境を形成する主要な要因連関となったと考えられる。
　④　経済活動の成功によって，中国系に対する「外圧」が緩和されたとき，中国系は，家庭教育（祖先の苦労話や現環境の厳しさの指摘など）および初・中等教育を通じて，「内圧」（やる気）の維持に努めた。
　⑤　「外圧」は，主として，政治的・経済的・社会的などの要因によってもたらされると考えられるが，内圧は，主として文化と教育によってもたらされることである。ここに，文化と企業経営行動との一つの重要な接点が認められる。
　このようにして形成された企業経営環境のもとで，企業経営行動が展開されたわけであるが，その内容については，第4章・第5章において検討したところである。
　重要な点は，独立以前，中国系が，徒手空拳あらゆる努力を尽くして，苦

しい状況から次第にその経済力を築き上げていった過程にあっては，その価値観と奮闘努力（これも基底文化と移住先で苦労して獲得した新たな文化に大きく規定されている）が，その企業経営行動成功の重要な要因であったといえるのに対して，エスニック集団としてかなりの経済力を蓄えた独立以後における中国系の企業経営行動にあっては，緻密な計画性やビジネス志向などの価値観とともに，蓄積された資源・経験・情報・人脈などの経営リソースが，格段に重要になってきたことである。

注
1) ここで基底文化としたのは，移民第1世代が本国から持ち込んできた文化をその後に獲得した文化と区別して明確にする必要から使用した。ただし，先住のマレー系の場合には，長年の間に育ててきた文化を指す。この場合にも，マレーシア独立以後，ブミプトラ政策を中心にマレー文化の近代化を促す動きに対して，それ以前の文化を指して使用している。

華人の場合，地域文化の差異が大きく，出身地域によって進出した職業にかなりの差がある。またこうした職業の選択が逆に人々の価値観・行動形態を強化する可能性があるが，本研究では，その可能性を指摘するに止める。

2) インド人の場合，カーストの担う文化が問題となるが，マレーシアでは，その80％以上（人によって90％とみる）が，勤勉な労働習慣を持つタミール系の農民であり，イギリス植民地政府のもとで，下級役人や警官などをつとめたごく少数の他カースト出身者達が，これら農民達とは異なる役割を果たした点に注意することで，とりあえず足りると思われる。これは，先に指摘した，インド系の企業経営活動にみられる両極分解の現象と関わりがあるものと思われる。

3) 3つのエスニック系の性格的特徴を示す次の言葉は，こぼれ話的ステロタイプと思われるが，それぞれの特徴的な雰囲気をよく表している。すなわち，学校で落ちこぼれた子供達は，どのような振る舞い方をするか。まずマレー系は怠ける。インド系は暴力をふるう（インド本国では暴力沙汰は少ないというのが大方の見方であり，これは，マレーシアにおけるインド系を指すと考えておきたい）。そして，中国系は，アルバイトに精を出す。

4) 寄藤昴・熊谷圭知・堀江俊一・太田陽子編『華人社会研究の視点　マレーシア・シンガポールの社会地理』（古今書院，1998，9頁）。この書物は，太田氏の没後，太田夫人他により，その意向を編集して出版されたものである。

5) あるマレー系の有識者は，筆者の質問に答え，この点について，次のような見解を表明している。「ブミプトラ政策は，3つのエスニック集団の企業経営行動にそれほど大きな影響を与えていない。政策の支援があっても，マレー系の多くは起業したくないし，中国系は政策的な差別が無くても公務員にはなりたくない。ただ政策的支援が無ければ，マレー系はもっと駄目になるだろう。マレー系・中国系・インド系のビジネス行動の違いは，基本的に価値観・文化によるものと考えている。政治・経済的要

因は，大きく影響してはいない。（彼は，文化を発達論的に捉えていて，時間がたてばマレー系は中国系に追いついていくだろうと期待している）。
6) 中国文化の伝承とともに，選択によるその強化も視野に入れる必要があるかもしれない。危険の多い海外へ出稼ぎに出た中国人は，積極性と冒険的な性格を持った人々が多いと考えられる。このため，中国文化を構成する諸要素のうち，厳しい環境により適する人びとがスクリーニングされ，＜文化要素の選択・強化＞が行われたと見ることも可能である。すなわち，出稼ぎ→文化要素の選択・強化→致富志向→挑戦と忍耐→成功への適性 という図式である。これは，「中国人の多数も農民ではないか」という先に見た太田の批判に対応するための1つの論点になりうるかもしれない。この点については証明は困難であり，ここでは1つの可能性を示唆するに止める。

   またこの図式は，保護の無いままに厳しい状況に放り込まれた中国系にあっては大きな意味を持ちうるが，政府による保護のもとに移民し，雇い主によって家父長的な保護を受けたインド系には，当てはまらないものと思われる。
7) インド系2世経営者K．スンダラーム（K.Sundaraam）氏の指摘—経営者面接調査。
8) 船橋尚道「報告書概要」 船橋尚道編『マラヤ・インドネシアの労働事情』，アジア経済研究所，1963，4頁）
9) この要求水準と満足水準とが，「有効圧力域」のレベルと幅とにどのように関わるかについては今後の検討に待つこととしたい。心理学の領域などでこうした分析が存在するかとも思われるが，当面まだ，そこまで筆者の検討は及んでいない。
10) Rahman, T. A., *Looking Back: The Historioc Years of Malay and Malaysia*, 1977, 小野沢純監訳，鍋島公子訳『ラーマン回想録』，1987, p.118)。
11) Mahathir, M., *The Malay Dilemma*, Times Books International, 1970, 高田理吉訳『マレー・ジレンマ』，勁草書房，1983, 49頁。
12) Mahathir, M., *The Malay Dilemma*, Times Books International, 1970, 高田理吉訳『マレー・ジレンマ』，77-78頁。
13) ホテルに隣接する巨大マーケットで店員をしていたOさん（28歳女性）は，中国系雇い主の監視の目を気にしながら，筆者が客を装うことで，約3時間にわたる面接に応じてくれた。（2001年10月）その興味深い話の中に，この「内圧」に関わる一説があった。「中国系の家庭の多くは，子供達に，異国に来て大変な辛酸を嘗めた祖先の話を聞かせる。だから，Oさんと夫の祖父が，マレーシアに辿り着いた当初，ゴミ拾いなど汚い仕事ばかりして，辛抱強く我慢し，頑張ってきたことをよく知っている。華人は，頼る人が無く，頑張らないとひどい目に遭うと教えられてきたからである」という。
14) 宗教の中には，負荷を下げる宗教もあれば，負荷を高める宗教もある。例えば仏教の場合，現実の負荷が悲惨なまでに大きい時代に，負荷を低める（空の思想による希望の削減）ことによって，絶望を回避するという機能を果たした。イスラム教が運命論的人生観をもたらしたという時も，同様の機能を果たしていると思われる。

   これに対して，たとえば，Weberの指摘する プロテスタンティズム の倫理は，結果としてプロテスタント達の「内圧」を極度に高め，後に資本主義の成立・発展に結びついていくような人々の活動を導いたものと解釈することができる。

この問題については，拙稿「企業経営行動と宗教：行動への『圧力』を媒介として」，中牧弘允・日置弘一郎編著『会社のなかの宗教：経営人類学の視点』，東方出版，2010のなかでより詳しく扱っている。

終章
研究の総括：本研究で明らかにしたことと残された課題

1　本研究のねらいと成果

　マレーシアにおいては，これまで大企業の研究が中心で，中小企業の学術的研究は始まったばかりである。またこれまでエスニック間の企業経営行動の違いについての，調査データに基づくシステマティックな比較分析はなく，ごく断片的ないし印象的な観察に止まっている。

　2002年，中小企業についての研究を相次いで世に問うた，ウタラ大学のハシム (Hashim, M.K.) 教授の近著への序文で，ウタラ大学の Vice Chancellor Ahmad Fauzi Mohd Basri 教授は次のように述べている。「ますます増大する中小企業に対する関心にもかかわらず，中小企業に関わる研究は限定的で，かつ断片的であるように思われる。中小企業関係の文献について見ると，マレーシアの中小企業は，まじめな研究領域として受けるに足るだけの理論的・実証的な関心を受けておらず，その関心はごく限られている。」

　また，ハシム教授自身も，同様の見解に立って，中小企業については，定義がまちまちで，定まったものがない。この言葉はよく使われるが，マレーシアの文脈で中小企業が十分に理解されることは決してないと慨嘆している[1]。

　また，現在マレーシアの中小企業研究は，中小企業を均質なものと見て一括して研究されており，例えば筆者の関心の焦点であるエスニック集団による企業経営行動の差異には，あまり関心を示していない。現在，ブミプトラ

政策に対する批判は憲法で禁止されており，こうした研究がブミプトラ政策への批判に繋がりかねないという事情が，このことと関わっているのかもしれない。本研究では，

　①企業経営行動の進展過程を構造的・段階的に捉え，その各段階に現れるそれぞれのエスニック集団の企業経営行動の特徴を比較分析することによって，各エスニック系の起業経営行動の特徴を，全体的かつ構造的に把握しようと努めた。このように，本研究はどの段階でどのような特徴と問題があるのかを把握した上で，これをエスニック集団ごとに総合することによって，それぞれの企業経営行動の全体像を捉えようとした。また，これによって，成果の差を生み出すどのような要因がどの段階に存在しているのか，その将来に向けて考え得る問題は何かを明らかにした。

　②起業行動において，政治・経済的要因の他に重要な役割を果たしていると考えられる，社会的・文化的要因の影響をもあわせて検討した。マレーシアでは，新経済政策など政府による強力な支援の下でさえも，マレー系の起業行動と企業経営行動とは必ずしもうまくいっていない。この問題については，まとまったエスニック別のデータをもって，3つのエスニック集団の行動を比較分析しながら，その要因連関を明らかにした（経済的要因の背後にも文化的要因が控えているし，文化的要因の働く環境にも，政治・経済的要因の関わりがあるなど，その影響関係は単線的ではない）。

　③3つのエスニック集団の企業経営行動について，ビジネスへの参入など量的な差違だけでなく，経営主体の形成過程や起業後の経営行動の違いなど，質的な差を明らかにするように努めたことが重要であると考えている。

1）　経営主体の形成過程にみられる差異

　ブミプトラ政策の下で，高等教育への機会や高級公務員への道を狭められた中国系の人々の多くは，彼らの多くがまだ貧しかったころ，ビジネスへの道を志した。独立以前，すでにかなりの経済活動を発展させていた中国系にとって，これが近道であったといえる。この時期，中国語と厳しい規律を教えこむ華語学校は，かなりの難関であったという。そこには，移民としての

厳しい状況がもたらした「選択肢限定効果」と父祖の代からなじみが深く，また親戚友人の間に多いビジネスへの「選択誘引効果」とが働いている。

　中国系の生活が豊かになるにつれて，英語学校出身の優秀な人々が，弁護士や医師，大学教師（国立大学では，やはり扱いに差があるようである）など知的職業に進出し始め，ビジネスへの進出者は，相変わらず中等教育修了者が多くを占めている。われわれが調査した経営者の子弟も，知的職業（医師・弁護士などの外，コンピューター関係のエンジニアなど，高級エンジニアを含む）を目指すものが多くなっている。中国系がこのように分化しつつあり，経営主体の形成の大筋としては，華語学校（中等教育）で中国語と厳しい訓練に耐える資質とを養い，人脈を形成した人々が，多くビジネスに進出している。大学のキャンパスでは中国語はあまり通用しないが，ダウンタウンのマーケットでは，中国語が自由に話されているという現状は，このことを別の面から興味深く物語っている。あまり豊かでない中国系の若者たちは，中等教育を終えた後，いくつかの企業に勤務し，次々に経験を積み，将来の自立に備えるというのが，中国系にみられる顕著なひとつの「型」となっており，また彼らの多くがこの型に沿って行動している。彼らの多くには，その人生のスタートに近いところでビジネスへの「発意」がみられるため，彼らの積む経験は，「リソース化可能要素の蓄積」というよりは，むしろ計画的な「リソースの蓄積」という性格を持つ。

　これに対して，マレー系の場合には，教育は，公務員として有利な地位を確保するための「リソース」とみなされることが多い。同じ教育が，主体の目標によって，異なる「リソース」として捉えられる，興味ぶかい例といえる。

　マレー系で経営主体となる人々の多くは，家族など何らかの関係の中でビジネスとかかわった人が多く，彼らも，人生の初期に「発意」の段階を経ているが，他の多くのマレー系の人々は，圧倒的に公務員を志望しており，企業に勤務する人々は，長年労働者として働く傾向があり，その意味で，「発意」がより限定される傾向がみられる。この点はインド系も同様の傾向を示しているが，現場労働者からビジネスに進出するものはマレー系より多い。

2) 起業後の経営発展に見られる型の差異

先に見た「発意」のあり方と「リソースの蓄積過程」に差が集中的に現れている。しかし，このことはまた，起業後の経営行動のあり方にも重要な差をもたらす。

中国系は，幅広い経験の蓄積，強い人脈を通じての情報交換や協力関係を通じて，幅広い産業に積極的に進出する傾向がみられる。これに対して，マレー系やインド系の場合，周辺の事情から，自らが得意とする比較的限られた領域に進出する傾向がみられることである。

このことはまた，政府の支援による場合を別にすれば，新規産業やハイテク産業に中国系が積極的に進出する傾向を示しているのに対して，マレー系・インド系は，手馴れた伝統産業で活躍する傾向がみられることと照応している。

中国系が技術に強いという傾向を持つことから，独立以前，小商人的傾向の強かった中国系が，さまざまの「機械製造業」に進出する傾向がみられる。われわれの調査対象の中では，機械製造業に携わるものの80％以上が中国系である。母数がマレー系113，インド系37，中国系120　であることを考慮しても，この数は，中国系の好みをよくあらわしている。

現世利益的な宗教観を持つ中国系企業家にとって，ビジネスの成功以上の目的を描くことが難しいため，「終生ビジネス志向」，「ビジネス活動の自己目的化」，企業を大きくしようという拡大志向性が特に強く働く傾向を持っている。この傾向は，利潤の再投資や技術開発投資によく現れている。そして，その経営行動は，システマティックな資金集めなど，より組織的に運営される傾向を持つ。

これに対して，マレー系の場合，宗教至上の傾向と運命論的人生観の影響によって，また，インド系も瞑想の世界に憧れ，来世によりよく生まれつくための現世の努力という宗教観・職業観によって，ビジネスは，彼らの人生において2次的・手段的な意味を持つものとなる。

以上，マレーシアのエスニック集団の起業経営行動について，その顕著な「型」とその将来性について，データをもとに明らかに為しえたことは，企

業経営を巡る諸要因の関わりについての理論的考察にとっても，また政策課題の研究にとっても，一つの貢献を為しえたのではないかと考えている。

2　残された研究課題

残された研究課題としては，具体的に挙げればきりがないほどあるが，当面重要と考えている問題としては，次のものがある。

1　「中国系は，ある程度発展すると店をたたんで，また小さいビジネスを始める傾向がある」という指摘と，「中国系の拡大志向」についての筆者の指摘との矛盾については，筆者は当面次のように考えている。すなわち，中国系が発展したビジネスに対して新たなビジネスを始めるのは，2つのケースが考えられる。その1つは，より有利なビジネスを見つけた中国系が，これまでの商売を畳み，新たな商売を始める傾向を指すもの，今ひとつは，ある程度発展すると，新たなビジネスを始めて多角経営によって安定を図ろうとする傾向の2つである。そのいずれもが，ビジネス全体としてより大をなそうとする志向性の表れであると考えることができる。

このような行動形態は，中国系の資本が，ヨーロッパ系資本に押さえ込まれ，極めて不安定であった時代に，顕著な傾向としてみられた。これはまた中国伝統の経営形態でもあった。今日でもこの傾向はみられる。しかし，独立後，欧米系資本の後退と共に，中国系の資本が商業から工業に進出し始め，マレー系やインド系に対して競争優位を獲得した後は，規模の経済の必要からも，夢の実現のためにも，大規模化を志向する傾向を強めている。今後この傾向がどのように進展するかは，1つの興味深い問題である。この問題は，伝統的な思考方法が，現実の中で如何に修正されていくかという問題と深く関わっているからである。例えば，民族的な資産がどれほど蓄積されており，それが中国系の企業経営活動に際して投資としてどのように活用されているか。その他，経験・情報・ネットワークなどのリソースが現実の企業経営活動においてどのように生かされているかといった問題である。

2　マレーシア独立以前の中国系の活躍とビジネスへの浸透によって，巨大な「リソース」がエスニック集団としての中国系の中に蓄積されたことは明らかである。その蓄積過程は，きわめて興味深い問題であり，また，独立以後のビジネスの発展を論ずる場合，欠かすことのできないテーマである。しかし，今回の研究では，この問題をかなり抽象的なレベルや断片的な形で扱い得たのみで，十分な取り扱いができなかった。今後究明したい重要課題の一つである。

3　ついで理論的にも政策論的にも興味があるのは，都市化および市場経済化が，マレー系の文化にどのような変容をもたらしつつあるか，それが将来マレーシアの企業経営に及ぼす影響はどうかという課題である。これは，研究を深める上で無視できない問題であると考えている。

4　さらに，グローバル化の中で同質化が進み，文化的な影響は薄れてゆくのではないかという問題については，当面次のように考えている。すなわち，大きな流れとしては，そのようにいうことができる。しかし，この傾向は，マレーシアの場合，巨大な国際経営や合弁企業などでは，かなり強く表れつつあるとしても，国家全体として，各エスニック集団の行動形態や中小企業レベルの企業経営行動に関しては，エスニック文化が重要な影響を与えるというこの傾向は，今後もかなり長期にわたって継続すると考えている。むしろ，筆者がマレーシアを分析の対象に選んだ重要な理由の1つが，この点にあったといえる。しかし，グローバル化の中で，今後マレー系の行動形態がどのように変化していくかは，理論的にもきわめて興味深い問題であり，かつ，政策的にも重要な課題である。最近マレーシア政府はエスニック間の競争を促すため規制をゆるめつつあり，大学入学を巡る割当制を2002年に廃止したのも，その重要な一例である。マレー系の識者が祈りを込めて願っているこのような文化変容の問題は，今後大いに注目するに値する重要課題であると考えている。

5 最後に，遠い将来に向けての大きな課題として，「関係論」的な分析が残されている。今回は，各エスニック集団の企業経営行動について，その特徴を把握するために，比較分析に焦点を置いたが，将来，「関係論」的視点からの分析が，不可欠と考えている。比較分析においては，エスニック集団の人口比率を顧慮せず，できるだけ近いサンプル数を集めて分析を行ったが，人口比率の問題は，市場規模の問題と深く関わっているし，また，最近急速な経済発展を遂げつつある中国との関わりは，無視できない問題である。比較分析を踏まえた関係論的分析は，不可欠と考えている。また，この場合には，政治的・経済的・社会的・文化的・制度的諸要因のバランスのとれた統合が必要であると考えている。

注
1) Hashim, M. K., (2001), *Small & Medium-Size Enterprises in Malaysia: Development Issues*, Prentice Hall.
　Hashim, M. K., (2002), *Small and Medium-Sized Enterprises in Malaysia: Role and Issues*, Universiti Utara Malaysia Press.

あとがき

　本書のもととなったのは，2001年から2004年にかけて名古屋大学の大学院で学び，岸田民樹教授のご指導の下で執筆した博士論文「マレーシアにおけるエスニック集団の企業経営行動：比較分析―価値観とリソースの役割」（2003年度博士学位請求論文）である。以来約10年，この論文を磨き上げようと思い続けてきたが，充分には果たすことができなかった。その間に充分に改善できなかった問題点や，改悪点も多々あることを恐れている。これらの点はすべて筆者自身の未熟さに由来する。

　なお，本論文における筆者の理論的考察の部分を，再考・再検討したものを以下の論文として順次公表してきた。

＊「企業経営主体と企業環境―意味論からみた主体と環境の相互作用―」『熊本法学』第116号（2009年3月）

＊「経済・経営行動を促す圧力の諸相」『熊本大学社会文化研究』7（2009）

＊「『起業行動』の諸段階―企業主体の形成過程再考」山崎広道編著『法と政策をめぐる現代的変容』（熊本大学法学部創立30周年記念，成文堂，2010年3月）

岩田奇志「企業行動における主体と環境：相互作用のダイナミズム」『熊本法学』第122号（2011年3月）

　しかし，そのごく一部を除き，これらの考察を本書に取り込むことはできなかった。いずれ，こうした理論的考察を中心としたものを，一冊にまとめたいと願っている。

　ここで，筆者のこの研究のため，貴重な時間を割いて筆者のインタビューに応じて下さり，快く貴重な情報を提供して下さったマレーシアの経営者の方々および教員の方々に，心からの謝意を表したい。中でも，自宅にまでご招待いただき，夕食をともにしながらさらに深く突っ込んだご説明をいただ

いた一部経営者のお話は，感謝とともに，筆者にとっていい思い出となっている。

さらに，マレーシアにおける筆者の調査にご協力いただいた，マレーシア科学大学の Intam Osman 教授，Quah Chun Hoo 高級講師その他，さまざまな形でお世話になった先生方に感謝する。彼らには，実際の調査に協力いただいたほかに，対話の中で種々のご示唆をいただいた。中でも Intan Osman 教授には，終始付き添ってインタビューの通訳をしていただいただけでなく，学生による母親調査（価値観・教育観などの調査）をもアレンジしていただいた。

また，第一次経営者面接及びアンケート調査を組織し，筆者にこうした研究のきっかけを与えて下さった陳立行教授（当時日本福祉大学教授，現関西学院大学教授）に感謝する。なおこの第1次調査には2001年度～2002年度文部科学省科学研究費「中小企業の発展にかかわる社会システムに関する国際比較研究：自立型経済発展モデルの可能性を探る」（基盤研究 B 研究課題番号 13572006），日本福祉大学情報科学研究所2003年度研究費が充てられたことを，ここに付記する。

最後に，名古屋大学大学院で筆者が岸田民樹教授からいただいた，寛容と忍耐によるご指導に対しては，心からの感謝を捧げたい。また，副指導教官であった吉田猛先生（現青山学院大学教授），折に触れて適切なアドバイスと激励をいただいた山田基成先生の暖かいご指導にも感謝したい。

岸田ゼミナールで，議論し合い，励まし合い，あるいは批判し合った学友諸兄姉には，頂いた友情とすばらしい思い出に感謝したい。末尾になるが，本書を出版するに当たってひとかたならぬお世話になった，文眞堂の前野弘，前野隆両氏に心からの謝意を表する。

2012年3月　岩田奇志

索　引

ア行

IT の導入状況　131
圧力仮説　177
圧力欠如域　181
圧力無効域　181
Abisheganaden, F.　40
意識と実態とのズレ　139
一般投資者の持ち株比率　115
インド系企業の事例　81
インド系の経済活動　28
インド系の経済的地位　31
インド人移民の特徴　26
A-B-C 関係　88, 89
『英領マライ史』　15
エスニック集団の性格　174
Emerson, R.　25

カ行

外圧　185
　　──と内圧　177
華僑資本の経済的浸透　27
華僑の投資額　31
各エスニック集団の経済活動　27
華語学校　167
過剰適応　50, 181
華人の経済的位置　30
家族の中で最も多い職業　99
家族の持ち株比率　114
価値形成環境　51
価値と「リソース」の役割　188
学校教育の特徴　167
活性適応　50
カンガニー制度　24
環境選択　50
環境像　49
環境操作　51
環境適応　50

企画主体　54
起業　11, 58, 109
企業機会の認知　11, 46, 56, 95
企業経営環境の形成　175
企業経営行動　46, 118
　　──と環境　49
　　──の「型」　7
　　──の発展過程　62
　　──発展過程　65
企業経営主体の形成　54
起業行動　48, 91
　　──の過程　58
　　──の構造分析　91
　　──の実態　95
　　──の諸段階　94
企業主体・企業経営環境の同時形成　55
危険負担　177
技術開発費　128
技術開発力　127
技術情報　127
技術・職能訓練　37
基礎的主体価値の形成　52
基底文化と文化変容　173
希望する居住地域　144
近代的教育の欠如　16
勤勉への評価　153, 165
勤労意欲の欠如　15
空想的発意　47
経営コンサルティングサービス　37
経営者アンケート調査　92
経営者個人の持ち株比率　114
経営者本人の学歴　100
経営者面接調査　63
経営発展に見られる型の差異　197
経営を成功させる最も重要な要素　132
計画　11, 48, 58, 109
　　──性　153, 166
契約移民制度　24

決断 11, 47, 58, 107
現在の経営に携わるようになった原因 107, 109
現在の経営に携わるようになった第1の原因 110
現実的発意 47
現世利益的な宗教意識 180
構想 11, 47, 58, 104
行動主体 54
国営投資信託会社 35
国民開発政策 39
子供の将来に期待する職業 97
子供の職業への期待 167
子供の職業への希望 98
個別主体の形成 51
雇用におけるマレー系の優遇政策 36
困苦への耐性の違い 177
混住状況 144

サ行

3重構造の一翼 30
資金源 110
資金調達源 110
資金不足 109
市場競争の中で最も効果的な方法 134
実在環境 49
支払いの遅延 121
社会的上昇 163
自由移民制度 24
宗教意識 158
宗教的信条と賃労働 17
集合的価値観の影響 62
重要と思う職業の順位1位 149
宿命論的生活観 16
主体価値の再構成 52
出身中学校のタイプ 102
準備 11, 48, 58, 109
純利益とその再投資 122
純利益の再投資 123
職業観 163
女性の海外出国禁止令 20
新技術への理解 131
新経済政策 38
人口の希少性 15

人口比率のバランス 6
進出業種と棲み分け 104
親戚の持ち株比率 114
Swettenham F.A. 15, 179
生産技術の由来 124
政治・経済的要因と社会・文化的要因 1
生存圧力 178, 179, 180, 183, 184
政府資本の参入による公企業の設立 35
制約要因の克服 48
先住民優遇政策 41
選択肢限定効果 177, 196
選択肢の限定 58
選択適応 50
創業時の技術開発費 128
創業時の業種 105
創業時の困難 109
創業時の資本金 106
創業時の制約要因 119
創業時第1の3つの困難 111
創業への評価 154
創業前の職業 107

タ行

多数華僑の温存 22
多民族国家形成の背景 14
父親の職業 96
中国系企業の事例 65
中国人移民の経済活動 28
中国人の労働者としての特質 19
中小企業経営者への教育訓練 37
調査対象 92
調査の対象と方法 62, 140
調査の評価 159
調査方法 92
適応不能 50, 181
適正適応 180, 181
特定選択肢への誘引 58
独立時の政治経済状況 32
どの民族の友達が助けてくれるか? 145
どの民族の友達が最も多いか? 145
友達の中で最も多い職業 100
友達の持ち株比率 115

ナ行

内圧　185
　——の維持　178
南部インド人の特質　23
望ましい職業の順位　156

ハ行

Hashim, M.K.　194
発意　11, 47, 58, 96
発達論的視点　53
ビジネス志向　189
ビジネスに興味を感じ始めた年齢　103
ビジネスへの志向性　176
ビジネスへのチャネリング　178, 186
ブミプトラ政策　34, 41, 176
文化・社会関係の温存　6
文化要素の共有　138
文化論的考察の難しさ　137
Hofstede, G.　3, 51

マ行

マレー系が多く従事する産業　105
マレー系企業の事例　75
マレー系に有利な融資制度の創設　36
マレー系の経済活動　27
マレー系の経済的地位　31
満足水準　182
民族意識の希薄さ　17
村（カンポン）への執着と都会の忌避　17

面接・目標

面接対象　63
面接調査での主な質問　63
目標達成活動　55
目標の達成　48, 135
目標への誘因効果　177
最も大切な信条　135

ヤ行

有効圧力　180
　——域　181, 182
要求水準　182

ラ行

リスクテーキング　166
リスクの負担　113
リソース化　56, 57
　——可能要素　56, 58, 189
リソース活用能力　58, 59
リソース創出能力　59
リソース認知能力　59
リソースの概念　56
リソースの基本的性格　57
リソースの動員　58
リソースの役割　56
両極分解の構造　185
類型論的視点　53
労働力移入政策　18
労働力移入の必要性　14
労働力供給の困難　15

著者紹介

岩田奇志（いわた　きし）

杭州大学（現浙江大学）で日本語を学び，北京外国語学院（現北京外国語大学）日本学研究中心（大学院）で，日本の社会・文化について学ぶ。来日して日本経営論を学び，のち清華大学で教鞭をとる。再来日のために退職。中国の社会と経営，および，企業経営行動と文化との関わりに関心を持つ。

現在　熊本大学大学院社会文化科学研究科准教授

主著　『国際比較の視点で見た現代中国の経営風土―改革・開放の意味を探る―』（岩田龍子との共著）文眞堂，1997年
　　　『改革開放中国の光と「陰」―積み残された福祉―』文眞堂，2003年
　　　『中国企業の経営改革と経営風土の変貌―経営革新はどこまで進んだか―』（岩田龍子との共著）文眞堂，2007年

企業経営行動と文化
―マレーシアにおけるエスニック集団の企業経営行動：比較分析―

2012年3月31日　第1版第1刷発行　　　　　　　　検印省略

著　者　岩　田　奇　志

発行者　前　野　　　弘

発行所　株式会社　文　眞　堂
東京都新宿区早稲田鶴巻町533
電話　03（3202）8480
FAX　03（3203）2638
http://www.bunshin-do.co.jp
郵便番号(162-0041)振替00120-2-96437

印刷・モリモト印刷　製作・イマキ製本所
© 2012
定価はカバー裏に表示してあります
ISBN4-8309-4754-4　C3034